전쟁과 디자인

Original Japanese title: SENSO TO DESIGN
Copyright © 2022 Yukimasa Matsuda
Japanese edition published by Sayusha
Korean translation rights arranged with Sayusha
through The English Agency (Japan) Ltd. and Danny Hong Agency

이 책의 한국어판 저작권은 대니홍 에이전시를 통한 저작권사와의 독점 계약으로 (주)교유당에 있습니다. 저작권법에 의해 한국 내에서 보호를 받는 저작물이므로 무단 전재와 복제를 금합니다.

디자인의 선과 악, 다크 디자인 투어리즘
마쓰다 유키마사 지음 | 조지혜 옮김

전쟁과 디자인 WAR &DESIGN

교유서가

| 일러두기 |
• 이 책의 인명은 국적을 기준으로 하였다.
• 서지명의 경우, 일본판으로 번역된 제목을 옮기되, 원제를 붙였다.
• 본문 중에 일본어 단어의 뜻을 설명하기 위한 한자는 일본식 약자로 병기하였다.

시작하며

전쟁은 '죽음'과 '파괴'의 색으로 일대를 모조리 뒤덮어버린다. 색 자체에 '죽음'이 결부되어 있을 리는 없다. '디자인'도 마찬가지로, 디자인에도 당연히 옳고 그름이나 선악은 없다. 이용하는 인간과 상황의 문제이다.

'디자인design'이라는 말이 동사가 될 경우, 통상적인 '설계하다' 등의 의미에 더하여 '꾀하다'라는 뜻으로 쓰이기도 한다. 사용 방식에 따라 어느 쪽이라도 될 수 있다는 의미다. 이 책은 디자인이 지닌 그러한 양면성 중에서 '그릇됨'에 초점을 맞춘다.

2022년 2월, 러시아가 우크라이나를 침공했다. 주권국가가 전쟁을 시작하다니 지금이 아직 20세기인가. 인간이 어리석은 줄은 알았지만 이렇게까지 어리석은지는 아무도 상상하지 못했으리라. 세계의 크나큰 관심사인 기후변화에 어떻게 대처해야 할지 각국이 고심하는 와중에 이런 만행이 일어났다. 지배계급 외에는 아무에게도 이득을 가져다주지 않는 제국주의적 망상에 홀린 독재자가 아직도 존재하다니, 침략이 과거의 유물이 아니었다는 사실에 엄청난 충격을 느낀다.

'이제부터는 글로벌리즘globalism'이라는 속삭임을 들은 지도 오래다. 독재자 한 사람이 일으킨 전쟁에 세계는 제재를 가했다. 그러나 제재는 양날의 검이기에, 그 영향은 세계 각국에도 미친다. 세계는 그야말로 글로벌하다는 사실을 다시금 인식하고 있다.

러시아의 푸틴 대통령이 일으킨 전쟁(이하 '푸틴 전쟁')에서는 흰색·파란색·붉은색이 줄무늬를 이루는 러시아 국기와 파란색·노란색의 우크라이나 국기가 양쪽에서 어지럽게 펄럭인다. 색이 상징으로서 기능하는 것이다.

러시아혁명 당시 공산주의 세력은 '붉은색', 그에 대항했던 구세력은 '흰색'을 사용해, 붉은색과 흰색의 싸움이 펼쳐졌다. 그 이후로 공산주의자들은 붉은색을 상징으로 삼아 깃발 등에 주요하게 사용했고, 세계 어디에서나 '빨갱이Red'라 불렸다.

약 100년 전 히틀러가 이끌던 나치당은 당시 민족주의 집단 내에서 유행하던 갈고리십자를 활용해 당의 상징 기호로 삼았다. 정권을 장악한 뒤에는 침략 전쟁을 시작해 전 유럽을 갈고리십자로 뒤덮으려 했다.

갈고리십자의 절대적인 효과를 똑똑히 보았던 훗날의 신新나치, 민족주의 우익 집단은 합심해서 갈고리십자가 모양의 기호를 상징으로 삼기에 이른다. 그리하여 이 기호는 복고 체제의 부흥을 노리는, 이른바 '그릇됨'의 증표가 되었다. 히틀러의 그릇된 유산이다.

이번 푸틴 전쟁에서 러시아군은 식별기호인 'Z' 'V'를 전차에 표시했는데, 전쟁이 격화되고 장기화하면서 'Z'는 우크라이나 침략을 정당화하는 상징이 되었다. 한편, 대항하는 우크라이나 측에게 'Z'는 우크라이나인과 도시를 파괴하는 악마의 상징이다.

전쟁은 세계를 선악으로 가르고 어느 쪽에 서겠느냐며 압박한다. 십자나 갈고리십자 등 추상적인 형태의 상징 기호는 많지만, 알파벳 문자 하나를 상징으로 삼는 경우는 드물다. 그러다보니 회사명의 머리글자가 'Z'인 기업들은 위기감에 휩싸인다. 디자인에는 죄가 없지만, 일단 딱지가 붙으면 쉽게 떼어내기가 어렵다.

구호로 '협박'하는 디자인도 있다. 1차세계대전 당시에 처음 등장한 '당신이 필요하다'라며 손가락으로 가리키는 모병 포스터, 나치 독일이 만든 '예스(찬성)'를 강요하는 국민투표 디자인, 전쟁에 지원하지 않으면 아이 앞에서 얼굴을 들지 못할 거라며 아버지들을 전쟁에 내모는 일러스트 등이다.

이번 푸틴 전쟁에서도 우크라이나 동부를 실효 지배중인 러시아가 주민투표를 하겠다고 공표했지만, 이 역시 '예스'를 강요하는 절차일 것이다. 게다가 '전쟁'이라는 말을 사용하는 사람은 구속하는 등 러시아 내의 정보를 철저하게 통제하고, 미디어는 온통 프로파간다로 뒤덮여 있다. 정보를 통제한다는 사실만으로도 자신들에게 정당성이 없음을 인식하고 있다는 증거처럼 보인다.

러시아 내 반전反戰 세력이 거주하는 곳에는 붉은 글씨로 '배신자', 또는 가만두지 않겠다는 의미의 'Z'가 대문에 휘갈겨졌다. 역시 인간의 사고방식은 시대가 지나도 변함이 없다. 나치 홀로코스트 당시에도 유대인을 나타내는 '다윗의 별'이 문이나 쇼윈도에 그려져 있었다. 이때 '다윗의 별'은 모멸을 상징했다.

한편, 침략에 저항하는 우크라이나 측에서는 전쟁이 시작되자 국민 총동원령을 내려 18~60세 남성의 출국을 금지했다. 이들은 우크라이나를 방어하기 위한 전력戰力이다. 우크라이나는 2014년 이래로 줄곧 전쟁중이라는 인식이 있어 이러한 금지를 당연히 여길지도 모르겠다. 국민들의 조국 수호 의식도 높다.

2차세계대전 이후로 평화에 취해 있는 일본인의 눈에는 한없이 고통스러운 명령으로 느껴진다. 이 명령에 따르지 않으면 반역자·비非국민이라고 비난당하는 걸까.

"국가는 언제라도 내 신체를 징용하여 법률하에, '애국' '나라를 지킨다'는 대의명분 아래, 원하는 대로 사용할 수 있으며 때로는 죽음에 이르게 할 수도 있다."(리 고토미李琴峰, 「국가에 영유되는 개인国家に領有される個人」, 〈아사히신문朝日新聞〉, 2022. 3. 29.)

'국가'라는 골치 아픈 공동환상에 대해 이제는 좀더 심각하게, 존속 여부까지도 이야기해봐야 할 때인지도 모르겠다. 국가란 무엇인가? 국가는 과연 필요한가? 푸틴 전쟁에서는 '내러티브전戰'이라는 말이 난무한다. 이른바 스토리 전쟁, 즉 먼저 스토리를 만든 쪽이 유리하다는 뜻이다. 지금은 소셜 미디어 등에서 실시간으로 정보가 전달된다. 내러티브전은 정보전이라고도 할 수 있다.

내러티브전은 푸틴 전쟁이 처음은 아니다. 내러티브전에 밝았던 나치 독일은 '정보 조작'을 대대적으로 시행해 성공했다. 유고슬라비아전쟁에서 크로아티아도 미국 광고대행사에 의뢰하여 세계를 아군으로 만들었다. 반면, 미국은 베트남전쟁에서도 이라크전쟁에서도 이렇다 할 스토리를 만들어내지 못했다.

'디자인'은 내러티브전과 큰 관련이 있다. 이 책에서는 디자인과 관련된 '색' '상징', 심리적 압박을 가하는 표어에 쓰인 '말', 침략의 대의명분이 된 (그릇된) '디자인' 등을 각 장으로 나누어 기술한다.

디자인에는 죄가 없다. 말 그대로다. 하지만 디자인이 사람을 우롱하고 악의 길로 이끌어 불행을 초래하기도 했다. 디자인에는 그만한 힘이 있다.

자, 이제 전쟁과 재난 등 불행의 현장을 순례하는 다크 투어리즘 dark tourism을 본떠서, 다크(그릇된) 디자인 투어리즘에 동행해보자.

차례

시작하며 005

1장 전쟁과 색

어지럽게 펄럭이는 국기에는 전쟁의 기운이 감돈다 017 | 군용기의 국적 식별기호 019 | 허무의 디자인, 재스퍼 존스의 과녁 027 | '러키 스트라이크' 디자인과 전쟁 029 | 제국주의 냄새가 나는 러시아 국기 031 | 야망을 숨긴 삼색기, 러시아 국기 033 | 우크라이나 국기의 색과 해리 포터 035 | 생사를 가르는 병사 식별색 038 | 복장을 활용한 이미지 전략 042 | '게오르기예프 리본'과 혁명의 색 044 | 공산주의의 '핏빛' 047 | 러시아의 '아름다운 붉은색' 051 | 러시아혁명과 '적·백·녹·흑'의 전쟁 053 | 러시아 아방가르드의 붉은색과 검은색 055 | 나치의 '핏빛' 059 | 나치의 주요 패션 아이템, 붉은 완장 062 | 나치 제복의 검은색 065 | 마귀를 쫓는 중국의 붉은색 068 | 문화대혁명의 빨간색과 검은색 071 | 공포의 상징, 홍위병의 붉은 완장 073 | 새빨간 『마오쩌둥 어록』 076 | 빛의 색은 파란색에서 시작되었다 080 | 암흑 같은 전쟁과 전염병 082 | '청결'한 흰색 086 | 빛의 색은 흰색이 되었다 088 | 분홍색과 로큰롤 093 | '항의'라는 말을 숨긴 흰색 094 | 다양한 백기 097 | [칼럼] 위장 전투복 101

2장 전쟁과 상징

'푸틴 전쟁'의 상징 105 | 'Z'의 의미 106 | 'Z'라는 프로파간다 108 | 박해에서 태어난 '십자' 113 | 상징이 된 '십자' 115 | 살해·파괴·죽음의 '십자' 117 | 구원의 '십자' 120 | 성경으로 전쟁을 '성전화'하다 124 | '아이들에게' 127 | 아조우 연대의 상징 130 | 나치의 '볼프스앙겔' 134 | 가장 흉악한 '볼프스앙겔' 135 | 아조우 연대의 '슈바르체 존네' 139 | '14/88'이라는 암호? 141 | 히틀러의 '하켄크로이츠' 143 | '크로이츠' 숨기기 150 | 룬문자와 나치 152 | 히틀러의 상징 전쟁 155 | 박해의 상징 '다윗의 별' 158 | 단 하나의 부정적인 완장 161 | 유대인을 드러내는 'J' 도장 164 | 별 표식과 군대 167 | [칼럼] 'X' 마스크 172

3장 전쟁과 말

파리 같은 반역자를 뱉어내라 175 | 특별군사작전 180 | 특별노무반 183 | 개의치 말고 섬멸하고 나아가라 185 | 제5열 187 | 비국민 190 | 하일, 히틀러! 191 | 쥐를 박멸하라 193 | 그들을 없애버릴 수밖에 없다 196 | 그들은 죽어야 한다 198 | 그들만은 살려두지 않겠다 200 | 과거를 캐고 다니는 짓은 그만하라 202 | 할아버지는 전쟁 때 뭘 했어요? 205 | 불참한 사람은 당신인가? 207 | 당신이 필요하다 211 | 그들은 전쟁에 책임을 져야 한다 216 | 히틀러는 어떤 사람인가? 221 | 모두가 말한다, 찬성이라고 224 | 목숨은 깃털보다 가볍다 229 | 살아서 포로의 치욕을 당하지 말라 232 | 군인 중에 누군가가 반란을 일으키지 않을까 235 | 한 발짝도 물러서지 마라! 237 | 유대인에게 다음 사항을 금지한다 241 | 쉿! 242 | 모든 국민은 순교 훈련을 받아야 한다 245 | 샤리아를 위반하는 자는 용서하지 않는다 249 | 우리가 지도한다 251 | 알라 외에 신은 없다 253 | [칼럼] 거짓말을 모두 죽여라 256

4장 전쟁과 디자인

아마겟돈 261 | 콜래트럴 데미지 264 | 양날의 검과 행방불명 265 | 이교도와의 종교전쟁 267 | 레콩키스타와 국치지도 269 | 종교 파벌 전쟁 272 | 우크라이나의 종교전쟁 275 | 푸틴 전쟁 277 | 아시아를 정복하려 했던 인단 279 | 요리사 히틀러 283 | 아이를 '디자인'하다 289 | 여성 병사 292 | '봐라, 이건 여자도 아니다' 297

마치며 301
참고문헌 307
도판 인용 목록 311
영화 목록 321

1장
전쟁과 색

나치가 여가를 통제할 목적으로 만든 조직 'KdF'의 국민차 폭스바겐 광고, 1939. '밝은 미래'를 강조하지만, 결국 차는 국민들에게 제공되지 않았다.

어지럽게 펄럭이는 국기에는 전쟁의 기운이 감돈다

국기가 난무하는 광경은 왠지 모를 불안을 불러온다. 군국주의 일본이 그랬듯, 과거 역사 속에서 전쟁은 반드시 어지럽게 나부끼는 국기와 함께했다. 올림픽에서 휘날리는 국기를 보며 얼마간 위화감을 느낀다면 이런 기억 탓일지 모른다.

미국인은 국기에 애정이 크다. 국가인 〈성조기 The Star-Spangled Banner〉도 '별'과 '줄무늬'로 이루어진 국기를 칭송하는 노래다.

미국 대통령 선거에서도 국기의 색으로 싸운다. 트럼프와 바이든이 맞붙었던 2020년 대통령 선거에서는 트럼프 진영이 붉은색, 바이든 진영이 파란색으로 각자 국기 색상 중 하나를 휘감고 싸웠다.

2001년에 일어난 9·11 테러 당시에도 국기가 미국 전역을 뒤덮으며 불온한 분위기를 자아냈다. 20년도 더 지난 일이지만 아직도 기억이 선명하다. 그리고 테러를 획책한 무리를 응징해야 한다고 온 나라가 한목소리로 외쳤다.

고조된 내셔널리즘에 편승한 부시 미국 대통령은 불확실한 정보를 근거로 아프가니스탄과 이라크를 침공했다. 2022년 러시아가 우크라이나를 침략한 행위의 전례로서 비난받아 마땅하다. 아니, 그보다 앞선 선례는 나치 독일이며 일본의 아시아 침략, 북한의 남한 침략, 소련의 아프가니스탄 침략 등일 것이다. 여기에 소규모 침략까지 포함하면 무수히 많다.

전쟁이 계속되면 국기의 노출은 줄어들고, 전사자가 누운 관을 감싸는 장식물로 차츰 바뀌어간다. 그야말로 피투성이 국기가 된다.

2차세계대전 종반이던 1945년 2월 이오섬硫黃島에서는 치열한 전투가 이어져, 스리바치산摺鉢山 정상에 게양된 국기가 성조기→일장기→성조기→일장기→성조기로 총 다섯 번이나 바뀌었다. 조 로젠탈Joe Rosenthal이 촬영한 마지막 성조기 게양 사진은 기념우표로 발행되었고 기념비에 실리기도 했다. 많은 병사들의 피에 젖은 국기라 하겠다.

2022년 3월 18일, 러시아가 우크라이나 크림반도를 히틀러처럼(자르 지방 편입, 라인란트 진주, 오스트리아 합병, 주데텐 지역 할양, 체코슬로바키아 해체, 폴란드 침략 등) 멋대로 합병한 것을 기념하는 8주년 행사에서 푸틴 대통령은 러시아 국민을 향해 다시금 우크라이나 침략을 정당화했다.

행사장에는 러시아 국기의 흰색·파란색·붉은색이 넘쳐나, 멀리서 보면 마치 러시아가 증오하는 미국의 행사처럼 밝고 활기찼다. 그런 와중에도 우크라이나 사람들은 계속 학살당하고 있었으니, 인

왼쪽: 9·11 테러 희생자의 수만큼 국기를 세운 미국 캘리포니아주 페퍼다인대학의 추모 전시장, 2019
오른쪽: 조 로젠탈이 촬영한 이오섬 스리바치산 정상에 마지막으로 게양되는 미국 국기, 1945. 이 장면은 영화 〈이오지마에서 온 편지〉(클린트 이스트우드 감독, 2006)에서 재현된다.

간에게 존재하는 빛과 어둠이 한없이 대비된다.

군용기의 국적 식별기호

군용기는 국적을 식별할 수 있도록 국기의 디자인을 변형해 기체의 동체, 날개, 꼬리날개 등에 넣는다. 식별기호는 사각형의 국기를 원의 형태로 재디자인한다는 점이 흥미롭다. 고속비행중에도 알아볼 수 있어야 하므로 디자인은 원래의 국기보다 단순해진다.

다만 현재는 군용기가 고속화되고 은폐 기능이 중요해지면서 눈

으로 확인하기 어려워져, 식별기호를 넣지 않거나 구색을 맞추는 정도로만 넣는 경우가 많다. 스텔스기는 재료의 특성상 컬러 코팅이 불가능하기 때문에 무채색으로 넣기도 한다. 이렇듯 국적 식별의 중요도는 줄어들고 있다.

특이한 디자인으로 1, 2차세계대전 당시에 독일 공군이 사용했던 표식이 있다. 프로이센시대 이래로 공훈을 세운 군인에게 수여했던 철십자훈장의 '십자'를 응용해, 나치의 상징인 하켄크로이츠 Hakenkreuz(갈고리십자)를 꼬리날개에 집어넣었다.

나치 체제가 붕괴된 뒤에도 독일 공군은 철십자훈장을 변형한 식별기호를 계속 사용하고 있지만, 나치시대의 직선적인 디자인이 아닌 원래의 철십자훈장에 가까운 형태를 채택했다.

핀란드 공군은 1918년부터 2차세계대전이 끝날 때까지 흰색 원 안에 파란 갈고리십자를 넣었다. 나치처럼 45도로 기울이지는 않았다. 이 갈고리십자는 1차세계대전이 끝난 뒤에 사용하기 시작했으므로 나치와는 관계가 없다. 행운의 상징인 '하카리스티 Hakaristi'다.

미국 국기도 의외로 복잡한데, 공군 식별기호로는 파란색 원 안

러시아 국기. 제정러시아의 국기를 그대로 계승했다.

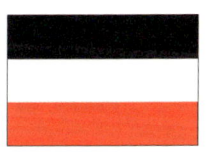  

독일제국, 프로이센의 국기와 1차세계대전 당시의 국적 식별기호   독일 철십자훈장

나치 독일 국기와 국적 식별기호

전후 서독 국기와 국적 식별기호

전후 동독 국기와 국적 식별기호. 1990년 서독에 통합된다.

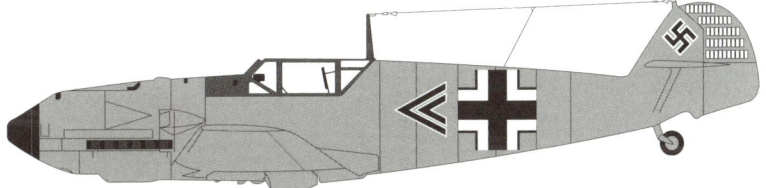

나치 독일 전투기 메서슈미트 Bf109 기체에 그려진 국적 식별기호. 꼬리날개에는 갈고리십자

핀란드 공군이 2차세계대전까지 사용한 식별기호(위)와 현재의 기호(아래)

핀란드 국기

미국 공군의 국적 식별기호. 위의 네 가지가 2차세계대전 당시에 사용된 것이다. 아래 두 가지는 현재의 기호 (구라하시 히로倉橋弘 그림)

미국 국기

 북한 공군의 국적 식별기호(위)와 미사일에 그려진 기호(아래)

 소련 공군의 국적 식별기호 두 가지와 현재 러시아의 기호

조선민주주의인민공화국 국기

구소련 국기

한국 공군의 국적 식별기호

 한국 국기

 러시아 국기

중화인민공화국 국기   중국 공군의 국적 식별기호

에 별을 넣고 붉은색·흰색 줄무늬 등을 좌우로 배치한 문양을 주로 사용한다.

미국의 냉전 상대였던 구소련의 공군은 붉은 별이었다. 소련 붕괴 이후의 러시아도 국기의 삼색 줄무늬를 별의 테두리에 둘렀다.

소련 시대나 러시아연방이 된 이후나 국방성 기관지의 제목은 〈크라스나야 즈베즈다Красная звезда(붉은 별)〉다. 지금의 러시아가 공산주의에서 자본주의로, 아니 자본주의적 전체주의로 바뀌었을 뿐, 알맹이는 전혀 달라지지 않았음을 보여주는 사례다.

북한의 군용기도 별을 변형했고, 중국 공군도 붉은 별 안에 한자 '八一'을 세로로 집어넣었다. 이 '八一'은 중국인민해방군 건군기념일인 8월 1일을 나타내는 숫자다.

한국전쟁에서 싸웠던 미국, 북한, 중국의 군용기에 모두 별(★)이 들어가 있었던 탓에, 별들이 서로 뒤엉키는 공중전이 전개되었다.

한국 공군의 식별기호는 미국 공군의 별 표식을 음양의 파란색·붉은색으로 변형한 것이다. 한국전쟁 당시에 창설된 지 얼마 되지 않았던 공군은 전투기를 미국에서 제공받았기에, 식별기호 역시 미국의 것을 그대로 사용하는 경우가 많았다. 그러나 애초에 전투기 수가 적었기 때문에 별들의 공중전에 참가했다고 보기는 어렵다.

러시아 같은 예외는 있으나, 국기에 줄무늬가 있는 나라의 기호는 대체로 둥근 과녁 형태를 취한다. 프랑스, 벨기에, 이탈리아, 스페인, 아르헨티나, 인도 등이다.

영국 공군의 식별기호. 위의 두 가지가 2차세계대전 당시의 것이다.(구라하시 히로 그림)

위부터 차례로 스페인, 아르헨티나, 인도 공군의 식별기호

위부터 차례로 프랑스, 벨기에, 이탈리아 공군의 식별기호

위: 짐바브웨, 마다가스카르, 가나 공군의 국적 식별기호
아래: 케냐, 르완다, 기니 공군의 국적 식별기호

아래 왼쪽: '네 개의 얼굴이 있는 과녁'(존스, 1954)
아래 오른쪽: '깃발'(존스, 1954~1955)

우크라이나 공군의 국적 식별기호

줄무늬 국기가 아니어도 과녁 형태를 사용하는 나라는 많다. 영국은 유니언잭Union Jack의 색상을 과녁 형태로 만들었다. 아프리카 대륙의 공군은 대부분 다 과녁형이라고 해도 무방할 듯하다(가나, 기니, 케냐, 마다가스카르, 르완다, 짐바브웨 등).

허무의 디자인, 재스퍼 존스의 과녁

지금 전쟁을 겪고 있는 우크라이나 공군의 식별기호도 국기의 색을 활용해 바깥쪽에 노란색, 안쪽에는 파란색이 들어간 원형 기호다. 이 노란색과 파란색 식별기호를 보면 재스퍼 존스Jasper Johns의 작품이 떠오른다.

재스퍼 존스는 1958년에 처음 개최한 개인전에서 미국 국기, 과녁, 알파벳과 숫자를 늘어놓은 작품들을 선보였다. 국기와 과녁은 1955년에 그린 것이다.

대량 살육이 일어난 2차세계대전이 끝나고 미소 냉전이 시작되자 미국 사회에는 긴장감이 계속 감돌았다. 미술계에서는 이러한 분위기를 허무한, 아무런 의미도 지니지 않은 듯한 작품으로 표현하는 경향이 생겨났다. 팝아트의 등장이다. 1세대가 잭슨 폴록Jackson Pollock과 빌럼 더코닝Willem de Kooning이라면 존스는 2세대이다. 그가 선보인 깃발과 과녁도 감상자를 망연자실하게 만드는 허무함이 있다.

과녁은 원래 국기와 달리 정해진 색상이 없다. 존스는 파란색과 노란색을 써서 과녁을 그렸다. 지금 보면 우크라이나 국기의 색과 같다. 거기다 붓질의 흔적이며 상처가 나듯 긁히고 때가 묻은 부분도 여기저기 보인다. 러시아의 우크라이나 침략을 예견했나 싶은 작품이다.

색이 들어감으로써 과녁은 군용기의 국적 식별기호가 된다. 만약 존스가 내셔널리즘이 고무되어 일어난 전쟁 속에서 그 부담을 떠안은 국기 혹은 군용기의 식별기호를 그린 거라면, '전혀 의미를 지니지 않는다'라는 제작 방침에 반해 전혀 다른 의미가 부상한다. 게다가 국기와 과녁에 상처까지 있다면, 주제는 한눈에도 명확히 '반전反戰'이 된다.

갈기갈기 찢어진 국기라고 하면 지미 헨드릭스 Jimi Hendrix가 떠오른다. 베트남전쟁이 한창이던 1969년, 지미 헨드릭스는 우드스톡 페스티벌의 마지막 공연자로 출연해 미국의 국가 〈성조기〉를 연주했다. 헨드릭스는 폭격음 같은 음향효과를 기타로 연출하며 성조기를 갈기갈기 찢어 보였다. 본인은 예상 못했겠지만, '반전'을 이미지화한 연주로서 높은 평가를 얻었다.

존스가 국기와 과녁을 그린 시기는 이미 전후 10년이 지난 시점이었지만, 1949년에 소련이 원자폭탄 실험에 성공하자 초조해진 미국도 다급히 핵개발에 박차를 가하고 있었다. 동시에 민간에서는 핵전쟁에 대비한 방공호를 만드는 일도 성행했다. 의식했는지 아닌지 알 수는 없으나, 존스가 전쟁에 긴장감을 느끼고 있었다 해도 이상하지 않다.

'러키 스트라이크' 디자인과 전쟁

1930년대 미국식 유선형 디자인의 유행을 선도한 인물 중 한 사람인 산업디자이너 레이먼드 로위Raymond Loewy는 브리티시 아메리칸 토바코사의 '러키 스트라이크' 담뱃갑 디자인을 두 차례나 수정했다.

'러키 스트라이크'의 특징은 '불스아이bullseye'라고도 부르는 과녁 형태의 디자인이다. 로위는 태평양전쟁 전인 1941년, 원래 디자인에서 녹색 바탕은 남기고 서체를 정리하며, 과녁의 바깥 바탕보다 짙은 녹색 원의 안쪽에 흰 선을 추가했다. 과녁에 강약을 준 것이다. 뒷면에도 똑같이 과녁을 넣어 포장 디자인에 일체감을 높였다.

일본이 진주만을 공격한 다음해인 1942년, 두번째 작업에서는 녹색 바탕을 모두 흰색으로 바꾸는 대신, 붉은 원 주위에 흰 선을 넣었다. 바탕이 하얗게 되자 붉은 원이 더욱 눈에 띈다. 과녁 바깥쪽의 짙은 녹색은 남겼다.

새로운 디자인의 '러키 스트라이크' 담배는 미군 보급품으로 지정되었고, '러키 스트라이크의 녹색은 전장으로 갔다Lucky Strike Green has gone to war!'라는 유명한 광고 문구와 함께 미군 병사들에게 사랑

'러키 스트라이크의 녹색은 전장으로 갔다!' 광고, 1942

왼쪽 위: '러키 스트라이크' 최초 디자인
왼쪽 아래: 로위가 수정한 첫번째 디자인, 1941
오른쪽: 로위의 두번째 디자인, 1942

받았다. 적인 일본을 이미지화한 붉은 과녁의 중심에 '러키 스트라이크(행운의 일격)'를 명중시키자는 미군 병사의 드높은 사기를 드러낸 것이 분명하다. 일본을 격퇴할 최고의 부적이었다.

다만, 유럽 전선과 이후의 베트남전쟁에서는 과녁 형태가 오히려 '총탄에 맞는' 이미지라 불길하다며 경원시되었다.

제국주의 냄새가 나는 러시아 국기

러시아 국기는 위에서부터 흰색, 파란색, 붉은색이 가로선을 이루는 삼색기tricolore다. 흰색은 백白러시아인(벨라루스인), 파란색은 소小러시아인(우크라이나인), 붉은색은 대大러시아인(벨라루스인과 우크라이나인을 제외한 러시아인)을 나타낸다며 슬라브 민족의 색상으로 삼았다. 러시아혁명으로 무너진 제정러시아(1721~1917)의 국기, 즉 볼셰비키 적군赤軍과 적대했던 백군白軍의 깃발을 소련 붕괴 후에 그대로 이어받은 것이다. 러시아의 현체제가 새로운 국가를 지향했던 게 아니라 출발점부터 제국주의적 경향을 숨기고 있었다고도 할 수 있겠다.

푸틴 대통령은 소련의 부흥을 꿈꾼다지만, 그의 언행으로 보자면 소련이 아니라 역시 제정러시아의 부흥을 책략하고 있는 듯하다. 봉건영주인 황제는 물론 푸틴 대통령이다. 사실 소련이나 제정러시아나 폭정이었다는 점에서는 어차피 마찬가지다.

우크라이나는 푸틴 대통령이 주장하듯, 오래전에는 '키예프 루스'[1]로 러시아와 같은 민족이었다.

13세기에 몽골 칭기즈칸의 아들에게 침략당하면서 키예프 루스는 소멸되었고, 몽골이 지배하는 북쪽과 동쪽, 폴란드와 리투아니아가 지배하는 남쪽과 서쪽으로 나뉘었다. 동시에 러시아인, 벨라루스인, 우크라이나인도 단절을 겪기 시작했다.

키예프 루스 소멸을 대체하듯, 모스크바를 중심에 두고 북쪽과 동쪽으로 세력을 넓힌 제정러시아의 전신 모스크바대공국(1721년에 제정러시아가 된다)이 탄생한다.

몽골이 쇠퇴하면서 힘이 강해진 폴란드가 침략을 일삼던 러시아와 충돌한 결과, 원래의 키예프 루스(우크라이나)는 폴란드 쪽과 러시아 쪽으로 두 동강이 나고 말았다.

러시아령도 처음에는 자치가 허락되었지만, 1764년 러시아가 직할령으로 삼으면서 우크라이나는 제정러시아의 일부가 되어 '소러시아'라 불리게 된다.

하지만 19세기 후반 민중들 사이에서 일반적으로 쓰이던 '우크라이나'라는 말이 다시 떠오르고 민족의식이 고취되면서, 러시아의

---

1 882~1240년까지 오늘날 동유럽의 키이우를 중심으로 우크라이나, 러시아, 벨라루스 지역에 존재했던 나라이다.(옮긴이 주)

일부로만 취급당하는 '소러시아'는 모멸적인 호칭이 되었다.

'소러시아'라는 말을 즐겨 사용하는 푸틴 대통령은 우크라이나를 절멸시켜도 된다고 여길 정도로 얕보고 있는 것이다. '비非나치화'가 아니라 '비非우크라이나화'이다. 푸틴 전쟁에서 일어난, 도를 넘어선 우크라이나 민중 살육을 '소러시아'라는 말이 뒷받침하는 셈인데, 여기에는 종교적 배경도 있다(이에 대해서는 4장 '전쟁과 디자인' 참조).

야망을 숨긴 삼색기, 러시아 국기

같은 슬라브 민족인 슬로베니아와 슬로바키아 국기도 러시아와 같은 색상 구성에다 나라에 얽힌 상징을 추가한 형태이다. 오래전 대영제국이 군림하던 시절, 영국 식민지의 깃발 왼쪽 위에는 반드시 유니언잭이 들어가 있었다. 미국도 전쟁을 일으켜 독립을 쟁취하기 전까지는 깃발 일부에 유니언잭이 들어가 있었다. 슬로베니아와 슬로바키아의 국기는 러시아 국기의 색상이 바탕인 탓에 러시아의 속국 같은 이미지가 따라붙는다. 이번에 푸틴 대통령이 저지른 만행의 여파로 국기를 당당하게 내걸지 못하는 건 아닐까 하는 생각마저 든다.

일장기와 성조기, 유니언잭은 그 위에 문자를 앉히면 어색해 보이지만, 러시아 국기에는 문자를 넣어 플래카드처럼 활용하는 경우가 종종 있다. 역시 가로선(과 세로선)은 상징이라기보다 뒤에서 이야기

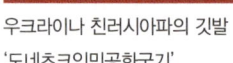 슬로바키아 국기

슬로베니아 국기

우크라이나 친러시아파의 깃발 '도네츠크인민공화국기'

네덜란드 국기

위: 독립 이전, 영국 식민지 시절의 미국 국기

가운데: 1775년 독립전쟁 초기의 깃발. 식민지군 총사령관 조지 워싱턴이 디자인을 지시했다. 당시 아일랜드는 아직 영국에 포함되지 않았기 때문에, 현재 영국 국기에 있는 붉은색 'X'는 없다. 적인 영국의 국기가 깃발 왼쪽 상단에 붙어 있다는 점이 문제가 되어 '벳시 로스Betsy Ross기'로 바뀌었다.

세르비아 몬테네그로 국기

아래: 벳시 로스기. 왼쪽 상단에 있는 13개의 별은 독립전쟁 시작 당시의 13개 주를 상징한다.

룩셈부르크 국기

프랑스 국기

 러시아 국기

할 '게오르기예프 리본'처럼 일종의 모양으로 받아들이는 것이리라.

2014년 러시아의 크림반도 합병 이래로 우크라이나 동부에서 날뛰는 친親러시아파의 깃발은 러시아 국기의 흰색을 검은색으로 바꾼 '검은색·파란색·붉은색'의 삼색기이다.

친러시아파는 이 깃발을 '도네츠크인민공화국기'라고 부른다. 푸틴 전쟁에서 친러시아파가 우크라이나 도네츠크를 제압했을 때, 시청사 옥상에 러시아와 친러시아파의 깃발을 나란히 게양했다.

이 '검은색'은 비옥한 우크라이나 국토를 나타낸다. 어떻게든 우크라이나를 러시아에 통합시키려는 깃발처럼 보인다.

참고로 네덜란드, 세르비아 몬테네그로 공화국(2006년에 몬테네그로가 독립하면서 소멸함), 룩셈부르크 국기는 러시아 국기의 세 가지 색상 병렬을 변형한 가로 삼색기다.

프랑스 국기는 왼쪽부터 '파란색·흰색·붉은색'의 세로 삼색기로, 색상은 러시아와 동일하다. 만약 프랑스 국기를 '자유'의 상징 중 하나라고 간주한다면, 이번 푸틴 전쟁을 근거로 볼 때 러시아 국기는 '자유'를 거스르는 가로선이라고도 할 수 있겠다.

우크라이나 국기의 색과 해리 포터

우크라이나 국기는 위가 '파란색', 아래가 '노란색', 이렇게 두 가지

색으로 구성된다. 파란색은 푸른 하늘, 노란색은 밀밭을 나타낸다고 한다. 우크라이나는 세계에서도 손꼽히는 밀 생산지다.

푸틴 전쟁이 일어나자 피침략국 우크라이나에 지지와 연대를 표하는 파란색과 노란색이 전 세계에 넘실거렸다.

우크라이나 침략 초기, 러시아 내에서도 미약하나마 반전운동이 있었다. 푸틴 정권은 철저한 정보 통제와 시위대 구속으로 응답했다. 'NO WAR'라는 플래카드나 영어로 'TWO WORDS'('NO WAR'를 가리킴)를 의미하는 러시아어를 내걸기만 해도 구속되었다. 푸틴 정권은 지나칠 만큼 '전쟁WAR'이라는 말에 민감했다. 통제는 멈출 줄 모르고 가속화되어, 흰 종이를 들고 있는 것만으로도 구속되기에 이르렀다.

푸틴 대통령이 '전쟁'이라는 말을 민감하게 받아들인 이유는, 러시아인들의 친척이 많은 우크라이나와 '전쟁'(러시아 측이 발표한 명칭은 의미를 알기 어려운 '특별군사작전')을 벌이는 모양새가 되면 정권이 흔들릴 우려가 있기 때문이었다. 그러나 이러한 집요한 감시와 단속은 오히려 불편한 진실을 덮어 감추려는 것으로밖에 보이지 않는다. 한편으로는 이러한 강압 속에서도 지하철 손잡이에 초록색 리본을 묶는 등 조용한 저항도 퍼지고 있었다.

해리 포터 시리즈 중에 하나의 주제를 붉은색·파란색·노란색·초록색, 이렇게 네 가지 색으로 발간한 특별판이 있다.[2] 나는 그 중 『해리 포터와 비밀의 방』을 갖고 있는데, 표지가 벨벳으로 가공되어 굉장히 우아한 느낌이 드는 보물 같은 책이다. 책의 단면에는 줄무늬가 있다. 붉은색 판본은 붉은색과 노란색, 파란색 판본은 파란색과 노란색, 노란색 판본은 노란색과 검은색, 초록색 판본은 초록색과 흰색 줄무늬가 있어 표지 색상과 일체감을 전달한다. 러시아에서 이렇게 색 대비가 두드러진 해리 포터의 파란색과 노란색 판본을 갖고 있었다는 이유만으로 구속되었다는 뉴스도 있었다. 파란색과 노란색이 우크라이나를 나타내는 색이기 때문이다.

책이 정보의 최전선이었던 옛날에는 권력층이 자신들에게 불편

---

2 해리 포터 시리즈 발간 20주년을 기념해, 호그와트 마법학교 기숙사의 네 가지 상징색을 활용하여 새롭게 장정한 특별판이다. 붉은색은 그리핀도르, 파란색은 래번클로, 노란색은 후플푸프, 초록색은 슬리데린 기숙사의 색이다.(옮긴이 주)

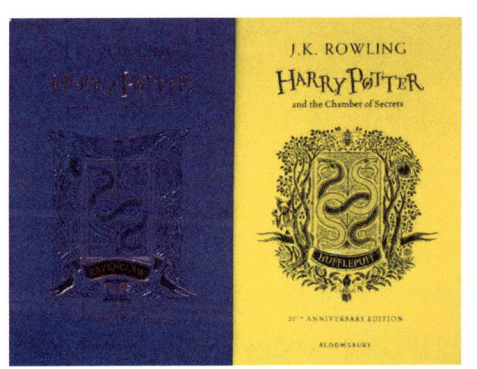

해리 포터 특별판의 파란색·노란색 판본

한 서적을 태워버리거나 파괴했다. 반면에 현재의 정보 통제는 인터넷, 소셜 미디어로 완전히 옮겨갔다. 이런 시대에 해리 포터 시리즈를 규제하다니, 그 뒤떨어진 발상에 혀를 내두르며 박수를 치고 싶을 정도다. 책 내용도 아니고 책을 포장한 색을 문제삼다니.

영화 〈인터스텔라〉(크리스토퍼 놀란 감독, 2014)에서는 이상기후로 환경이 악화되어 지구 탈출마저도 고민하게 된 근미래에 책이 중요한 역할을 한다. 다만, 여기서도 책의 내용이 중요한 역할을 한 게 아니라 책 자체가 모스신호를 보내는 도구로 사용되었다.

지금은 책을 인테리어, 즉 장식으로 취급하는 경향이 가속화되고 있다. 이 또한 책의 내용보다도 책이 풍기는 지적인 분위기를 멋진 인테리어 요소로서 주목한다. 책이 각광받는 것은 바람직하지만, 조금은 복잡한 마음도 든다.

생사를 가르는 병사 식별색

전장에서 식별색은 생사를 가르는 중요한 요소다. 일본 전국시대에도 붉은색, 검은색, 초록색 등 각각 색을 나누어서 싸웠다.

영국과 프랑스를 중심으로 유럽 각 지역을 전란에 빠뜨렸던, 어쩌면 첫 세계대전이라고도 할 수 있는 7년전쟁(1756~1763)에서도 영화 〈배리 린든〉(스탠리 큐브릭 감독, 1975)을 통해 그 일면을 엿볼 수 있다. 프로이센군은 흰색 셔츠와 바지에 검은색 재킷(소매 끝은 흰색)과 부츠, 프로이센군에 가담한 영국군은 흰색 셔츠와 부츠(지휘관만 검은색 부츠)에 붉은색 재킷(소매 끝은 흰색)과 바지, 이들을 상대하는 프랑스군은 붉은색 셔츠에 흰색 재킷(소매 끝은 붉은색)과 바지, 부츠를 착용했다. 색이 전면에 드러난 전쟁이었다.

미국 남북전쟁(1861~1865)은 4년 동안 군인뿐만 아니라 민간인까지 포함해 70~90만 명이 사망한 참혹한 내전이었다. 남군은 회색, 북군은 남색 재킷을 입었는데, 확연히 드러나는 대비는 아니었지만 색상 식별이 중요한 전쟁이었다. 영화 〈영광의 깃발〉(에드워드 즈윅 감독, 1989)은 북군 최초로 흑인 병사로만 구성되었던 부대의 활약을 그렸다. 적인 남군과 싸우기에 앞서, 북군 내에 존재하는 인종차별과도 싸워야 했던 이들의 이야기가 감동을 부른다.

1차세계대전에 이르면 적군과 아군을 헬멧 모양으로 식별하게 되고, 2차세계대전 이후에는 헬멧 모양에 더해 군복 디자인으로도 쉽게 식별할 수 있게 된다.

나치 독일은 특히 군복 디자인에 신경을 썼다. 히틀러는 프로이센왕국 프리드리히 2세의 친위대가 입었던 '검은색' 제복을 동경해, 자신의 친위대 제복도 검은색으로 할 정도였다. 전체적으로 통이 좁고 몸에 붙는 디자인이었다. 미군 병사들의 군복이 기능적으로는 훨씬 움직이기 편해 보이지만, 나치 독일은 기능보다 심미성을 더 중시한 것이다.

영화 〈배리 린든〉. 위에서부터 영국군, 영국군과 동맹관계인 프로이센군, 그리고 적인 프랑스군

〈1863년, 남북전쟁 치카마우가전투〉(쿠르츠&앨리슨 색판화 시리즈, 1890)

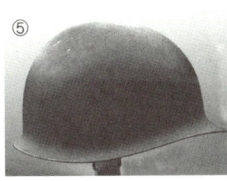

헬멧 형태의 변천. ① 정수리에 송곳 형태의 피켈이 달린 1차세계대전의 독일군 헬멧 ② 2차세계대전의 독일군 헬멧 '슈탈헬름(철모)' ③ 1, 2차세계대전에서 영국군이 주로 썼던 '브로디 헬멧' ④ 1차세계대전 당시 프랑스군의 '아드리안 헬멧' ⑤ 2차세계대전부터 1985년 즈음까지 미군이 사용했던 'M1 헬멧'

전장에서는 장교가 최우선 표적이다. 지휘관을 잃은 병사들은 금세 오합지졸이 되기 쉽다. 그래서 미군 장교들은 계급장을 붙이지 않았고 상관이라는 사실이 드러나지 않도록 부하에게 경례도 금지시켰다고 한다.

반면에 나치 독일의 장교들은 전투를 할 때도 통이 좁은 군복에다 군모까지 착용하고 장교인 티를 내어 저격병이 선호하는 표적이었다.

이번 푸틴 전쟁에서도 마지못해 전장으로 끌려간 러시아 병사들의 사기가 좀처럼 오르지 않자, 장교가 맨 앞에 나서서 병사들을 독려하다가 저격병과 드론의 먹잇감이 되었다.

현대에 와서는 위장 무늬 등이 주류가 되다보니 군복 디자인으로는 구별하기가 어렵고, 완장 등 천조각의 색으로 아군과 적군을 식별해야 한다. 침략자 러시아의 경우에도 헬멧, 팔, 무릎 중 한 곳에 정규군은 붉은색, 친러시아파와 의용군은 흰색 완장을 둘렀다. 이에 대적하는 우크라이나 정규군은 파란색(또는 녹색 테이프), 의용군과 아조우 연대는 노란색 완장을 사용했다.

복장을 활용한 이미지 전략

군복 이야기가 나온 김에 우크라이나 젤렌스키 대통령과 러시아 푸틴 대통령의 복장도 이야기해보자.

젤렌스키 대통령은 TV, 동영상, 소셜 미디어에서 메시지를 전달할 때, 대개 우크라이나 국장國章과 국기를 배경으로 군복을 연상시키는 카키색 티셔츠를 입고 나선다.

일본에서도 재난 등이 일어나 기자회견을 할 때 도지사를 비롯한 정부 관계자들은 작업복을 걸친다. 다양한 시책을 숙고하며 실행하고 있다는 느낌을 주는 하나의 이미지 전략이다. 젤렌스키 대통령도 국민과 함께 싸우고 있다는 느낌을 전달하려는 의도일 것이다. 전쟁이 시작된 초기부터 전 세계에 이 모습이 보도되며 많은 이들에게 지지를 얻었으니 이미지 전략으로는 대성공이다.

반면에 푸틴 대통령은 항상 정장 차림이다. 함께 싸우겠다는 의사를 계속 표명하는 젤렌스키 대통령과는 반대로, 우크라이나 침략을 '특별군사작전' 따위로 부르듯 그다지 호들갑 떨고 싶지 않다는 의도가 역력하다.

동부 러시아계 주민들에게 나쁜 짓을 한 우크라이나에게 조금 본때를 보여주는 것일 뿐, 대단치 않은 일이니 곧 끝날 거라는 일종의 굳히기 전략이다. 결국 전쟁은 단기간에 끝나지 않았고 푸틴 대통령의 의도도 제대로 먹히지 않았다.

푸틴 대통령은 독재자 중에서도 유독 여론에 신경쓴다. 즉, 지지율에 신경을 쓴다. 원유 가격이 높이 올랐을 때는 돈을 뿌려대며 국민들의 지지를 손에 넣기도 했다.

크림반도 합병 당시에도 영토 확장이라는 명목으로 지지를 얻었다. 이번 전쟁에서는 본때를 보여줄 뿐이라더니 전쟁이 길어지면서 다수의 전사자가 나온 데다 군수물자와 병기의 손실도 심각하다. 급기야는 우크라이나 주민에 대한 제노사이드genocide도 일어나고 있다. 푸틴 정권은 이런 정보가 러시아 국민들에게 전달되지 않도록 애쓰고 있지만, 아주 작은 개미구멍이라도 하나 뚫리면 단숨에 와해될지 모른다. 전쟁이 시작될 당시의 높은 지지율은 꿈같은 이야기로 끝날 것이다. 그때의 정장 차림은 위엄을 지키는 마지막 요새가 될지도 모른다.

'게오르기예프 리본'과 혁명의 색

2014년 우크라이나 크림반도를 러시아가 침략해 합병했을 때, 친러시아파는 검은색과 오렌지색, 두 가지 색이 들어간 줄무늬 천조각을 몸에 부착했다.

이 두 가지 색 줄무늬는 러시아의 2차세계대전 승전기념일(5월 9일, 다른 연합국은 5월 8일. 날짜가 다른 이유는 모스크바와 시차 때문이다) 시가행진 당시, 전차와 장갑차, 미사일의 몸체에도 그려져 있었다.

이를 '게오르기예프 리본'이라고 한다. 원래 제정러시아 시대부터 군대의 모장帽章, 공훈을 세운 군인에게 수여하는 훈장의 리본

awareness ribbon 등으로 사용되었는데, 소련이 해체되고 다시 러시아 시대가 되어서도 그대로 사용되고 있다. 전장에 피어오르는 연기(화약이라는 설도 있다)와 불꽃을 가리킨다고 한다.

'성 게오르기우스'는 그리스정교회, 동방정교회(러시아정교회)의 수호성인 중 한 사람이다. 소련 시대를 제외하면, 백마를 탄 성 게오르기우스의 일러스트가 국가의 상징물에 줄곧 사용되었다. 그것을 검은색과 오렌지색 리본으로 상징화한 것이다.

하지만 승전기념일에 일반인까지 몸에 달게 된 것은 2005년 이후로 보인다. 국영통신 프로파간다 전략으로서 '승리'의 상징인 이 줄무늬 리본을 승전기념일에 부착하자는 캠페인을 시행하기 시작했고, 마침내 애국심의 상징으로 승화시켰다. 민족주의적인 행사이므로 당연히 러시아 국기와 구소련 국기도 함께 휘날렸다.

크림반도 합병 때에는 친러시아파의 검은색과 오렌지색 줄무늬, 붉은색 완장, 반러시아파인 우크라이나의 파란색과 노란색이 난무

게오르기예프 리본으로 만든 'Z'

했다. 이번 푸틴 전쟁과 마찬가지로 색의 분쟁이었다.

2004년 우크라이나 대통령 선거에서 친러시아파 후보 측의 부정이 밝혀진 뒤, 오렌지색을 상징색으로 했던 친서유럽파 후보가 재선거에서 당선되었던 사건은 '오렌지혁명'이라고 불리며 '색의 혁명' 중 하나로 손꼽힌다.

중·동유럽 및 서아시아의 구 공산권 국가들에서 일어난 민주화 운동은 '색(꽃)의 혁명'이라고 불린다. 색이나 꽃이 냉엄함을 누그러뜨리고 자유를 연상시키기 때문일지도 모른다.

2003년 조지아에서 일어난 '장미혁명'은 반정부 세력인 야당 지지자들이 붉은 장미를 들고 저항운동을 한 데에서 유래한 이름이다. 색으로 말하자면 '붉은 혁명'이다. 이것이 오렌지혁명의 기폭제가 되었다.

2005년에는 키르기스스탄에서 '튤립혁명'이 일어났다. 노란 튤립

오렌지색 깃발이 나부낀 우크라이나의 '오렌지혁명', 2004

1장 전쟁과 색

은 키르기스스탄의 대표적인 꽃이다. 일련의 '색의 혁명'에 따른 이름일 뿐, 저항운동 속에 색이 두드러지지는 않았다. 1989년 체코슬로바키아의 '벨벳혁명'[3]도 무혈혁명이었다는 특징을 부드럽고 가벼운 벨벳에 비유한 이름이다. 유사한 경우로 레바논 국기에 그려진 삼나무에서 이름을 딴 '삼나무혁명'(2005), 튀니지를 대표하는 꽃 이름에서 따온 '재스민혁명'(2010) 등이 있다.

공산주의의 '핏빛'

여기서는 러시아, 나치, 그리고 특히 중국과 친숙한 붉은색·검은색·흰색에 대해 상세히 살펴보려고 한다. 우선, '붉은색'은 눈에 두드러지게 띄어 고대 로마 이래로 군복 등에 많이 사용되었다. 저격과 달리 먼 거리에서 공격당할 위험이 없고 직접 적과 아군이 뒤섞이는 백병전에서는 한눈에 피아식별이 가능한 선명한 색상으로 붉

---

3 소련의 체코슬로바키아 침공 이후, 체코슬로바키아는 20년 남짓 줄곧 소련에 저항해왔다. 혁명 후 수상이 된 극작가 바츨라프 하벨은 혁명 전 뉴욕에서 레코드 한 장을 가지고 돌아왔다. 바로 앤디 워홀의 바나나 그림으로 유명한 〈더 벨벳 언더그라운드 앤드 니코The Velvet Underground & Nico〉(1967), 즉 루 리드가 이끌던 밴드 '더 벨벳 언더그라운드'의 데뷔 앨범이었다. 이 앨범 한 장의 영향으로 '자유로운 표현'을 추구하는 활동이 활발해졌고 혁명으로 귀결되었다고 하여, '벨벳혁명'의 '벨벳'은 '벨벳 언더그라운드'에서 왔다고 보는 설도 있다.(글쓴이 주)

볼셰비키 병사 모집 포스터 '(붉은 깃발 아래에서) 적군赤軍 입대를 맹세하라', 1918

은색이 중요하게 쓰였다.

기독교에서는 예수가 최후의 만찬에서 '빵은 나의 육체이고 포도주는 나의 피'라고 한 말에 착안하여 붉은 포도주와 빵, 즉 예수의 육체를 자신의 몸속에 넣는다. 말하자면 식인食人의 의식(성찬식)을 거행한다. 핏빛의 '붉은색'이 등장한 것이다.

그리고 1791년 프랑스혁명의 기운이 고조되었을 때, 모여든 군중을 향해 군대가 발포해 많은 민중이 피를 흘렸다. 이때부터 붉은색은 민중이 흘리는 피를 상징하게 되었고, 혁명이 계속되는 동안 줄곧 붉은 깃발이 휘날렸다.

프랑스혁명 이후에 등장한 나폴레옹이 원정으로 전쟁을 일삼으면서 유럽은 크게 황폐화된다. 이를 재건하기 위해 각 나라들은 프랑스혁명 이전의 유럽으로 돌아가야 한다며 동맹을 맺고 자유주의와 민족주의를 탄압했다.

하지만 시대는 이미 변화를 맞이했다. 독일만 해도 산업혁명의 물결이 밀어닥쳤고, 영국과 마찬가지로 자본가와 노동자의 대립도 시작되었다. 자본가들은 권력과 결탁했고, 시위가 일어난 거리에는 노동자들의 피만 흘렀다. 저항의 싹이 움텄다.

1848년 카를 마르크스와 프리드리히 엥겔스는 『공산당 선언』에서 자본가와 노동자의 대립을 '계급투쟁'으로 평가했다.

『공산당 선언』 간행 직후부터 유럽 각국에서 혁명의 바람이 세차게 불기 시작했다. 프랑스에서는 노동자들이 주체가 되어 공정한 선거법과 투표권을 요구하는 '2월혁명'(1848)이 일어났고 삼색기에 섞여 붉은 깃발도 휘날렸다.

이렇게 '붉은색'은 공산주의의 색으로 자리잡아나갔다. 결정타는 1917년 러시아혁명이었다. 혁명 주도자 레닌을 필두로 한 볼셰비키가 붉은 깃발을 내걸었기 때문이다.

1922년 결국 볼셰비키가 내전에서 승리하고 소련이 탄생한다. 국기는 당연히 붉은 깃발이다. 여기에 파괴와 건설을 의미하는 망치와 낫, 그리고 윤곽선으로 작은 별이 그려졌다. 1949년에 탄생한 중화인민공화국의 국기도 붉은색이다.

반공산주의 세력은 '붉은색'을 멸칭으로 썼다. 군국주의 시대의 일본에서는 공산주의자와 반체제파를 '아카アカ'(빨갱이)라고 부르며 탄압했다. 2차세계대전 후 미국에서도 여러 업계에서 공산주의자를 축출했는데, 이를 '레드 퍼지Red Purge'(적색분자 추방)라고 불렀다.

푸틴 전쟁에 반대 의사를 표현하기 위해, 올림픽 수영 메달리스트가 에스토니아의 러시아 대사관 옆에 있는 연못의 물을 천연 염료로 빨갛게 물들이고 그 안에서 수영을 했다는 보도가 있었다

중국 국기

소련 국기

1장 전쟁과 색

(2022년 4월). 마치 피의 연못 같아서, 역시 붉은색이 피의 빛깔임을 재확인시켰다.

러시아의 '아름다운 붉은색'

러시아 민중에게는 원래 '붉은색'이 모든 색 중에서 최고라는 인식이 있었다. 얼어붙은 러시아 풍경 속에서 붉은색이 유독 눈에 띄고 마음을 사로잡는 느낌을 주기 때문이다.

모스크바의 '붉은광장'도 혁명의 색이어서가 아니라, 아름다운 광장이라는 의미로 러시아혁명 이전부터 불리던 이름이다.

러시아에서 '붉은 모퉁이'라고 하면 러시아정교의 성상으로 장식한 천장 모퉁이를 가리키는데, 집안에서 가장 성스러운 장소로 여긴다. 이전까지는 성상화가 장식되었지만, 소련 탄생 이후에는 레닌의 사진이나 초상화가 걸리게 되었다.

러시아혁명 이전인 1915년, 화가 카지미르 말레비치가 이 모퉁이에 자신이 그린 검은색 정방형의 그림을 장식하자고 주장해 물의를 일으킨 일이 있었다.

말레비치는 구상화의 시대가 가고 추상화의 시대가 왔다고, 즉 추상표현 시대의 도래를 고할 의도였을 것이다. 과감하다는 의견도 있었으나, 단지 검은 사각형뿐이다보니 추상표현의 가능성마저도 제거해버린 듯한 인상을 주어 '회화는 죽었다'라는 비난도 있었다. 실제로 말레비치도 그뒤에는 사각형, 원, 십자가 등 기본적인 기하학적 형태만을 그린 '컴포지션' 연작 등에 몰두했으니, 이 검은 사각형이 자신마저 몰아붙인 꼴이었다.

체르노빌에서는 1986년 4월에 일어난 원자력발전소 사고 이후, 방사능의 영향으로 주변 숲이 온통 적갈색으로 변했는데, 그뒤부터 이곳을 '붉은 숲'이라고 불렀다. 물론 겉으로 보기에 시들었다는 뜻이지만, 예전에는 아름다웠던 숲이라는 의미에서 본다면 아이러니가 담긴 '붉은색'이다.

전람회장 모퉁이, 성상을 장식하는 위치에 말레비치의 '검은 사각형'이 걸려 있다.

러시아혁명과 '적·백·녹·흑'의 전쟁

러시아혁명 뒤에 일어난 내전에서 혁명군 측은 볼셰비키(다수파)가 이끄는 적군, 반혁명 측은 백군으로 나뉘어 싸웠다. 백군은 앞서 언급했던 제정러시아의 깃발을 내걸었는데, 깃발 윗부분의 흰색에서 착안해 백군이라고 불렸다.

사실, 적군 대 백군만의 싸움은 아니었다. 적군에 협력했던 우크라이나 혁명 반란군으로 아나키스트 계열의 흑군(검은 바탕에 해골이 들어간 해적기 같은 깃발)도 있었고, 적군과 백군 둘 다 가담하지 않은 제3세력으로서 스텝 지대에서 태어나 자유를 갈망한 카자크 등 농민들이 중심이었던 녹군(대각선을 경계로 위쪽이 녹색, 아래쪽이 검은색 깃발)

녹군기

흑군기

제정러시아 국기와 똑같은 백군기

적군기

도 있었다. 네 가지 색이 어지럽게 뒤섞인 전쟁이었다.

흑군은 친親적군, 녹군은 기본적으로 반反적군·반反백군이었지만, 내전이 끝난 뒤에 쓸모가 없어진 흑군과 녹군은 모두 적군에게 섬멸되고 만다.

러시아 농민 대부분은 무슨 일이 일어나고 있는지 사태를 제대로 파악하지 못했다. 글을 아는 사람의 비율이 압도적으로 낮았기 때문이었다.

새로이 생겨난 볼셰비키 정부는 국민들에게 혁명의 정당성을 주장할 프로파간다가 필요함을 통감했다. 게다가 문맹이 많으니 글이 아닌 이미지로 제시할 수밖에 없었다. 그들의 주된 매체는 간판과 포스터, 팸플릿, 서적 등 대부분 인쇄물이었다. 그래픽 디자인의 영역이다.

여기서 존재감을 드러낸 이들이 나중에 러시아 아방가르드라고 불린, 추상표현을 지향하던 화가 및 디자이너 그룹이었다.

내전이 한창이었고 승패의 향방은 아직 알 수 없었다. 혁명 전에 이미 지위를 얻은 화가들은 내전의 방향성에 따라 잃을 것이 많았으므로 사태를 관망할 수밖에 없다.

반면에 러시아 아방가르드파는 서유럽에서 이름을 조금 알린 화가도 있었지만, 러시아 내에서는 소수파였다. 그들의 표현이 기존 미술을 무너뜨린다고 적대시하는 미술 관계자도 많았다. 잃을 것도 없었던 그들은 모두 아직 젊었고 진취적인 기질이 넘쳐흘렀다. 볼셰비키 정권은 러시아 아방가르드가 선보인 작품들을 적극 수용했다. 그때 전국에서는 반反볼셰비키 파업이 일어나고 있었다. 러시아 아방가르드는 '파업 파괴자'(솔로몬 볼코프Соломон Моисеевич Волков, 『20세기 러시아문화전사История русской культуры XX века от Льва Толстого до Александра Солженицына』, 2008)였고, 이제는 뒤로 물러설 수 없었다.

러시아 아방가르드의 붉은색과 검은색

러시아 아방가르드를 대표하는 그래픽 디자이너 엘 리시츠키는 내전이 한창이던 1920년에 적군을 고무하기 위한 포스터 '붉은 쐐기로 흰색을 공격하라'를 제작했다. 검은 배경 속 흰 원에 붉은 쐐기가 꽂히는 모양을 추상적으로 그린 작품이다.

 리시츠키가 적과 아군을 색이라는 도식적 기호(아군을 붉은색, 적을 검은색)로 바꾸어놓은 단순한 표현은 문자를 잘 읽지 못하는 농민들에게 와닿을 최적의 방법으로 여겨졌다. 여기서부터 러시아 아방가르드파의 붉은색과 검은색에 대한 집착이 시작되었다. 그 영향은 서유럽에서 일어난 다다이즘 등에도 미쳤다. 붉은색과 검은색이라는 두 가지 색상은 인쇄비도 적게 드는 데다 기술이 다소 열악하더라도 쉽게 인쇄할 수 있었다. 내키는 대로 사용하기 좋았던

위: '붉은 쐐기로 흰색을 공격하라', 엘 리시츠키, 1920

왼쪽: '붉은 쐐기로 흰색을 공격하라'를 모방하여 추상표현을 조롱한 나치의 퇴폐예술전 포스터 중 하나, 한스 피어탈러, 1936. 검은 삼각형은 나치 독일, 붉은 원은 유대인을 의미한다.

것이다.

리시츠키의 포스터 디자인은 나치가 추상표현을 폄훼하는 데 이용되기도 했다. 추상표현을 추하게 여기며 혐오했던 나치는 이를 조롱하는 '퇴폐예술전'을 독일 각지에서 열었다.

뮌헨에서 개최된 퇴폐예술전 포스터로는 리시츠키의 '붉은 쐐기로 흰색을 공격하라'를 반전시킨 '검은 쐐기로 붉은색을 공격하라'(1936)가 있다. 검은색은 나치 독일, 붉은색은 유대인이라는 의미를 덧씌웠다. 전람회는 '볼셰비즘에 물든 괴물, 유대인에 대해 알린다'라는 의의를 내세웠다. 추상표현 화가가 모두 유대인은 아니었지만, 영국과 미국 수뇌부의 배후에 유대인이 있다는 음모론을 믿었던(혹은 믿게 하려고 애썼던) 히틀러는 뭐든 유대인 탓으로 만들어야만 했다.

유대인에 대한 공격이 나치의 정치적 세력 확장에 큰 공헌을 했음은 분명하나, 나치가 유대인들에게 보인 너무나도 강한 집착이 2차세계대전을 패배로 몰았던 큰 요인 중 하나였는지도 모른다.

이번 전쟁에서도 푸틴 대통령은 지정학적으로 의미가 큰 우크라이나의 영토에 집착한다. 다른 나라들의 제재를 크게 받지 않았던, 말하자면 운이 좋았던 2014년 크림반도 합병으로 푸틴 대통령이 만족했더라면 러시아에 대한 신뢰가 이렇게까지 땅에 떨어지지는 않았을 것이다.

징병 포스터가 러시아 지하철에 나붙던 2022년 4월, 이를 보도

하던 뉴스 화면 한쪽에서 흥미로운 장면을 발견했다. 리시츠키의 '붉은 쐐기로 흰색을 공격하라'를 패러디해, 흰 원 부분을 코로나 균으로 형상화한 '코로나 백신을 맞자'라는 포스터가 붙어 있는 모습이었다. 100년이나 지났는데도 패러디될 만큼 리시츠키의 디자인이 러시아에서는 꽤나 대중적이었다는 사실에 감동을 느꼈다.

위: 러시아 지하철 내에 붙어 있던 '코로나 백신을 맞자' 포스터, 2022. '붉은 쐐기로 흰색을 공격하라'를 패러디해 흰 원 자리에 코로나 균을 넣었다. 왼쪽 위의 글자는 '백신'이다.(가네마루 미나미 金丸未波 그림)

나치의 '핏빛'

나치는 '피와 땅'을 핵심 구호로 삼았다. '피'는 민족의 피, '땅'은 조국이다. '붉은색'은 바로 '피'의 색이기도 했던 것이다. 공산주의의 경우는 노동자의 피일 텐데, 어쨌든 '피'라는 점에서는 공산주의의 붉은색과 친화성이 높다. 특히 붉은 깃발은 시각적인 호소력이 커서 독재정권·전체주의정권을 표현하는 데 빼놓을 수 없는 소재다.

나치의 붉은색은 독일 제2제국(1871~1918)의 국기, 즉 위에서부터 검은색·흰색·붉은색인 줄무늬 삼색기에서 끌어다 쓴 것이고, 붉은 바탕의 흰 원 속에 검은 갈고리십자가를 넣은 나치 깃발은 제2제국의 국기를 변형한 디자인이다.

특히 흰색 원과 갈고리십자가밖에 없는 거대한 붉은색 깃발을 건물에 연달아 늘어뜨린 프로파간다는 존재감을 드러내기에 유례없는 최적의 방법이었다.

히틀러는 알베르트 슈페어[4]의 '폐허 가치 이론'을 마음에 들어했

---

4 Albert Speer(1905~1981). 나치 독일의 건축가이자 아돌프 히틀러의 최측근으로, 나치의 위

나치 독일 국기

독일 제2제국 국기

다. 폐허가 되어도 아름답다는 주장이다. 하지만 나치 제국주의시대에 건설된 건축물은 대부분 파괴되었다. 남아 있는 것이라곤 나치의 시각적인 이미지, 즉 갈고리십자가, 완장, 몇몇 룬문자를 바탕으로 한 상징물, 친위대 관련 디자인 등이다. 이것들은 지금도 영화 등에서 재현되고 있으니 거의 영원한 가치를 얻은 느낌이 든다.

나치의 정식 명칭은 '국가사회주의 독일노동자당'이다. '사회주

세와 정체성을 드러내는 건축물을 다수 설계했고 각종 행사의 미술을 기획했다. 2차세계대전 중에는 군수 장관으로 일하기도 했다. 전후 뉘른베르크 국제군사재판에 회부되어 징역 20년 형에 처해졌다.(옮긴이 주)

히틀러의 50세 생일을 축하하는 행사. 건물에 수많은 깃발이 걸려 있다.

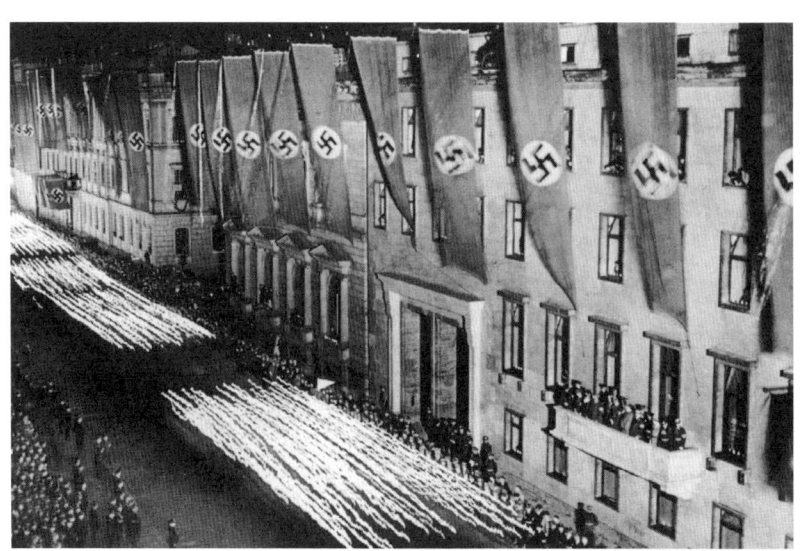

의'와 '노동자'라는 단어를 포함하고 있지만, 공산주의가 말하는 노동자(프롤레타리아)와 달리 국민(민족)을 위해 일하는(노동하는) 당이라는 의미이다. '사회주의'는 전체주의라는 의미를 내포한다. 따라서 공산주의에 반대하면서도 '민족(국가)에 봉사하는 개인'이라는 의미에서는 공산주의적인 면모도 있다.

히틀러는 붉은색을 사회사상 운동, 흰색을 국가주의 사상, 검은색은 아리아 민족의 승리를 위한 투쟁으로 정의했다. 그러나 붉은색은 아리아 민족, 흰색은 아리아 민족의 순결, 검은색은 아리아 민

아직 정권을 잡기 전이었던 1931년, 당원들 앞을 열병하는 히틀러. 나치당 깃발과 나치식 경례, 완장 등이 눈에 띈다.

족 이외의 절멸을 나타낸다는 설도 있다.

국기의 색에 이렇게 의미를 부여하는 것은 다소 진부하지만, 검은색을 절멸의 색이라고 보는 시각은 독특하면서도 공포스럽다.

이토록 나치가 많이 사용한 붉은색은 고전 건축물이 즐비했던 당시 유럽 거리에서 유달리 눈에 띄어, 존재감을 드러내는 데에는 최적이었다.

2006년 유니클로가 뉴욕 소호에 전미 1호점을 열 때, 사토 가시와佐藤可士和가 기획한 광고 캠페인이 대대적으로 시행되었다. 우주인이라도 덮쳐 왔나 싶은 '붉은색의 습격'이었다. 서양인들에게는 기묘하게 보일 흰색 가타카나 문자가 들어간 붉은색(파란색도 있었다) 상표가 택시 지붕의 광고판에까지 등장하는 등 뉴욕 곳곳에서 존재감을 주장했다. 마치 도시를 장악하듯.

나치의 수법을 끌어다 썼다고 하면 과장이겠지만, 독일 사람들이 나치에게 품었던 흥분과 두려움에 가까운 감정이 뉴욕 시민들에게도 있었을지 모르겠다.

나치의 주요 패션 아이템, 붉은 완장

나치의 하켄크로이츠가 들어간 붉은 완장은 붉은 깃발 다음으로 중요한 시각적 이미지였다. 그러나 히틀러가 처음 생각해낸 것은 아니었고, 히틀러가 너무나도 싫어했던 공산당원들이 시위에서 자주 착용했던 붉은 완장과 이탈리아 무솔리니의 파시스트당이 썼던 검은 완장을 모방한 것이다.

오른손을 뻗어올리는 경례며 다리를 굽히지 않고 똑바로 걷는 행진(러시아 군대도 기념식에서 똑같이 행진한다) 등 히틀러는 무솔리니가 먼저 선보인 표현 방식을 많이 표절했는데, 완장 역시 마찬가지였다. 유감스럽게도 이러한 이미지가 무솔리니보다 히틀러의 대표적인 이미지로 회자되었기 때문에, 무솔리니는 히틀러와 교류할 때도 내심 창피한 기분이 들었을 것이다. 사실 무솔리니의 검은 완장은 공산당원의 붉은 완장에 대항한다는 의미가 있었다. 나중에는 완장 대신 소매에 검은 삼각형 천을 붙였는데, 이마저도 히틀러유겐트가 모방했다.

나치당 초기에는 자금이 없었던 탓인지, 제복으로 육군 방출품이었던 갈색 셔츠를 입었다. 재킷도 셔츠에 맞춘 갈색이었다. 나치 쪽에서는 나치 운동을 '갈색 혁명'이라고 자랑스레 불렀지만, 반대 진영에서는 '갈색 페스트'라고 야유했다.

붉은 완장은 갈색 옷에 착용해도 눈에 띄었지만, 그 효과를 최대로 발휘한 것은 친위대의 검은 제복이 등장했을 때(1932)부터였다. 그뒤 친위대원들이 냉혹한 활동을 벌이면서, 검은색 바탕의 붉은 완장은 하나의 이미지로 묶여 일반 민중에게도 공포의 상징이 되었다.

위 왼쪽: 히틀러유겐트와 독일소녀단BDM의 제복 차림. 왼쪽 팔에 검은 삼각형이 붙어 있다.

위 오른쪽: 나치 친위대의 검은 제복과 붉은 완장. 1943년판 『나치당 조직 도록』

왼쪽 팔에 삼각형 천을 부착한 무솔리니, 1935

붉은 완장은 히틀러가 나치당의 당수가 되던 1921년에 바로 착용하기 시작해, 14년 동안 나치의 상징으로 군림했다. 1939년 나치 독일이 폴란드를 침략한 후에는 전장에서 완장 착용이 금지되었다. 이미 언급했듯, 전쟁터에서는 지나치게 눈에 띄어 저격당하기 쉽기 때문이었다. 다만, 전장 밖에서는 이전과 마찬가지로 착용할 수 있었다. 붉은 완장은 역시 나치에게 빼놓을 수 없는 패션 아이템이었다.

나치 제복의 검은색

나치는 이렇게 '붉은색'을 효과적으로 사용했지만, '검은색'도 공포의 색으로 활용했다. 두려움의 대상이었던 친위대의 제복 색상이었다.

검은 제복은 나치가 처음 입은 것은 아니었다. 오래전 십자군에 참가했던 일부 기사단이 검은 제복을 착용했다.

십자군운동이 시작되던 무렵, 성직자들 사이에서 검은 예복이 일반화되기 시작했다. 검은색에는 금욕과 속죄, 게다가 학구적인 이미지(당시 지식인의 대표격은 성직자였다)가 있었기 때문이다.

십자군이라는 성전聖戰에 참가하는 기사단 역시 성직자의 후예라는 의식이 있었으니, 예복의 연장선으로 볼 만한 제복이었다. 이에 대적하는 이슬람 병사들은 사막에서 눈에 띄는 선명한 색상과 줄무니, 흰색을 많이 착용했기 때문에, 검은색으로 무리지어 다니던 기사단에게는 두려움을 퍼뜨리는 집단이라는 이미지가 생겨났다.

오늘날 이슬람 극단주의 무장단체IS도 온통 검은 옷에다 검은 복면까지 써서 닌자 같은 차림새를 한다. 깃발마저도 검은색이다. 공교롭게도 오래전의 적과 똑같은 색이다. 성전을 부르짖으며 위협을 가하는 색이라는 점에서 검은색에는 종교를 넘어선 보편성이 있다. 그리고 초목이 적은 갈색 건조지대에서는 검은색도 낮 동안 의외로 눈에 잘 띈다는 사실을 증명했다. 닌자의 검은 복장은 당연히 야밤에 눈에 띄지 않으려는 이유였는데 말이다.

파시즘의 시조 무솔리니의 행동부대도 검은셔츠단으로 두려움을 안겼다.

나치 친위대는 이 검은셔츠단과 18세기 프로이센의 왕 프리드리히 2세 친위대의 검은 제복을 흉내 냈다. 프리드리히 2세 친위대의 검은색은 상을 당했을 때 입는 색이었지만, 나치 친위대의 검은색은 군모에 해골 그림을 넣는 이유와 마찬가지로 죽을 때까지 싸우겠다는 의사 표시였다. 하지만 무수한 잔혹 행위를 저지르면서 죽음을 초래하는 '검은색'으로 여겨지고 말았다.

나치는 강제수용소의 수용자들에게 각각 다른 색의 역삼각형 천 조각을 붙여 관리했다. 정치범은 붉은색, 집시는 갈색, 여호와의 증인은 보라색, 무국적자는 파란색, 일반 범죄자는 초록색, 동성애자는 분홍색이었다. 그중 유대인에게는 노란색 삼각형을 추가해, 육

망성六芒星 모양으로 달도록 했다. 육망성이란 삼각형 두 개가 위아래 교차하며 겹쳐지는 형태로, 유대인을 상징하는 '다윗의 별'이라고도 부른다. 노란색과 다른 색이 조합되면서 육망성이 되는 교묘한 디자인이었다. 이렇게 총 일곱 가지 색을 지배하는 자들이 검은색 친위대였다.

하지만 검은색은 더러움이 눈에 쉽게 띄고 특히 전투에서는 좋지 않다 하여, 1938년 친위대가 정치조직에서 군사조직으로 바뀔 때 제복도 검은색에서 파란빛이 도는 회색 계열로 변경된다. 독일 내에서는 검은색, 전쟁터에서는 회색을 입는 것이 원칙이었다. 강제수용소의 친위대 간부는 기본적으로 검은 제복을 입었다. 다만, 포로수용소는 국방군 관할이었기 때문에 원래의 암회색 계열 제복을 입었고, 수용자의 색상 구분도 없었다.

마귀를 쫓는 중국의 붉은색

중국에서는 공산주의혁명 이전부터 붉은색을 특별하게 여겼다. 마

중국 국기

귀를 쫓는 데에 강렬한 붉은색을 사용했기 때문이다. 악귀를 퇴치하는 색이다.

그러다 1949년 공산주의의 상징으로 붉은색이 등장하면서, 국기도 붉은색을 바탕으로 하고 다섯 개의 노란 별을 배치했다. 큰 별은 중국 공산당, 주변의 작은 별들은 노동자, 농민, 소자산 계급, 민족 자산 계급을 상징한다. 실제로는 커다란 별이 마오쩌둥毛澤東, 나머지는 공산혁명이나 중국 건국에 공헌한 간부들을 뜻할지도 모른다. 하지만 공산주의가 뭔지도 몰랐던 민중들은 악마를 쫓는 붉은색에 친밀감이 높았다.

공산주의 혁명의 성공과 동시에 7~14세까지의 소년 소녀를 대상으로 중국소년선봉대(약칭 '소선대'. 1953년에 전국 조직이 된다)가 결성된다. 소련의 청소년 조직 '피오네르'(10~15세)를 모방해, 미래의 공산주의자를 육성하기 시작한 것이다. 나치가 조직했던 소년단·소녀단이나 히틀러유겐트와도 비슷한 청소년 조직이었다.

중국소년선봉대원은 엘리트의 증표로서 붉은 스카프(홍령건紅領巾)를 둘렀다. 그런데 그게 보기 좋았는지, 초등학생은 전부 착용하게 되면서 결국 구별의 의미는 사라지고 말았다(북한 어린이들도 기본적으로 중국식 붉은 스카프를 두른다).

'품행이 방정한 학생' 포스터. 예전에는 붉은 스카프가 훌륭한 공산주의자의 증표였다.

문화대혁명의 빨간색과 검은색

1966년 마오쩌둥은 문화대혁명(~1976)에 시동을 건다. 붉은 완장, 붉은 마오쩌둥 어록, 붉은 배지가 중국 전역을 휩쓸었다.

중국 문화대혁명은 단적으로 말하자면 마오쩌둥이 일으킨 권력 찬탈 투쟁이자 보복 투쟁이다. '문화대혁명'이라는 이름이 붙어 있지만 공산주의 국가 특유의 표현일 뿐, 사실은 중국적 혹은 대륙적 차원의 '문화 파괴 운동'이었다. '대약진정책'이 약진은커녕 정체를 부른 것과 마찬가지였다.

소련에서도 러시아혁명 이후에 곡물 징수 등 경제가 극단적으로 공산주의화되면서 기아가 발생하자 불만을 품은 농민들이 각지에서 봉기했다. 내전에서 간신히 볼셰비키가 승리하기 시작했지만, 국민들은 도탄에 빠져 있었다.

레닌은 혁명 4년 뒤인 1921년 '신경제정책NEP'이라는 시장경제를 도입했다. 혁명까지 일으키며 부정하려 했던 자본주의 정책을 의미도 모호한 '신경제'라는 이름으로 슬쩍 바꾸었던 것이다. '신경제정책'은 성공했고 5년여 만에 혁명 이전의 수준으로 되돌아갔지만, 권력을 잡은 스탈린이 이 정책을 비판하면서 다시 공산주의로 회귀했다. 스탈린은 5개년계획을 통해 소련을 농업국에서 공업국으로 변신시켰다. 뒤에서 다루겠지만, 강제수용소의 노예노동이 큰 역할을 했다. 그런 한편으로 소련은 대숙청의 공포가 지배하는 나라로 바뀌어버렸다.

참고로 일본의 기시다 수상도 '새로운 자본주의'라는, 구체적인 상이 불분명한 말을 한 바 있다(2022). '새로운'에 대한 명확한 설명이 없는 한, 의심의 끈을 놓지 말아야 한다.

어쨌든 1958년부터 1962년까지 시행되었던 중국의 '대약진정책'에서 마오쩌둥은 실책을 반복했고, '대약진'이라는 이름과는 정반대로 엄청난 수의 아사자를 낳았다. 그 책임을 물어, 지위만 유지될 뿐 권력의 중추에서는 밀려났다.

권력에서 밀려났다 해도 실정을 모르는 민중들 사이에서 마오쩌둥의 인기는 여전히 높았다. 이를 이용해 마오쩌둥은 자신에게서 권력을 빼앗은 무리를 향한 복수를 획책한다. 그것이 문화대혁명이다.

문화대혁명에서는 나치가 벌인 유대인 차별 같은 짓도 공공연하게 일어났다. 우대받는 사람과 박해받는 사람을 구분하는 계급 차별이었다. 우대받는 사람은 홍오류紅五類(노동자, 빈농, 하층 중농, 혁명 간부, 혁명 군인, 혁명 열사)다. 홍위병紅衛兵은 뒤에서 더 자세히 이야기하겠지만, 홍오류의 아이들이다. 박해받는 사람은 흑오류黑五類(지주, 부농, 반혁명분자, 파괴분자, 우파)다. 압도적으로 우위에 있었던 '붉은색'과 이성이 통하지 않고 항변도 용납되지 않았던 '검은색'의 일방적인 싸움, 아니 박해였다. 홍위병은 항상 적이 필요했기 때문에 박해당하는 이들의 범주는 '흑칠류黑七類'로 넓어졌고 수습이 어려운 지경으로 치달았다.

공포의 상징, 홍위병의 붉은 완장

문화대혁명 초기는 중학생·고등학생·대학생으로 조직된 홍위병이 주도했다.

학생들은 '수업을 중지하고 혁명에 참가한다停課鬧革命'라는 구호를 내걸고 마오쩌둥의 뜻을 좇으며 실권자의 몰락을 획책했다. 프랑스 파리의 '5월혁명'(1968)보다도 2년 빨랐으니 세계 학생운동의 선두에 서 있었던 셈이다.

학생들은 마오쩌둥을 '홍사령紅司令', 즉 붉은 사령관이라 불렀고 사령관을 지킨다는 의미에서 자신들에게 '홍위병'이라는 이름을 붙였다.

학교 수업은 중단되었다. 지정된 책 이외의 독서도 금지였고, 지정되지 않은 책을 몰래 읽다가 홍위병에게 들키는 날에는 처벌이 기다리고 있었다.

홍위병은 붉은색에 집요하리만치 관여했다. 예컨대 '붉은색'은 혁명의 색임을 내세워, 교통신호마저도 빨간불일 때 건너가고 파란불일 때 멈춰야 한다고 주장하며 교차로에 진을 치고 교통정리까지 했다. 사고가 속출했고 혼란을 피할 수가 없었다. 사태를 우려한 당시의 2인자 저우언라이周恩來는, 교통신호는 세계 표준에 따라야 한다며 붉은색은 주의를 환기하는 색이라고 달래어 혼란을 진정시켰다. 혁명 초기라서 저우언라이도 마오쩌둥을 등에 업은 홍위병을

위: 마오쩌둥 어록을 손에 들고 천안문 광장을 가득 메운 홍위병들, 1967
아래: 하방을 독려하는 포스터 '농촌으로, 국경으로, 그대들을 원하는 머나먼 대지로 가자', 1970. 하방된 학생들은 문화대혁명이 끝날 때까지 고향으로 돌아오지 못했다.

조심스럽게 대했음이 드러난다.

홍위병이 일으킨 폭력 사태로 사람이 죽어도 경찰은 묵인했다. 배후에 있는 마오쩌둥의 그림자가 무서웠기 때문이다.

하지만 마오쩌둥은 권력 탈취에 성공하자 폭력만 휘두를 뿐 성가신 홍위병들을 용도 폐기한다. 중고등학생들은 학교로 돌려보내고 대학생들은 농촌으로 쫓아내어 육체노동을 시켰다. 이를 하방下放이라 한다.

'혁명은 학교에서 하라'는 마오쩌둥의 강력한 한마디에 학교 수업은 재개되었다. 하지만 재개되었다 해도 많은 과목이 폐지되었고 하방에 도움이 될 실리적인 교육만 이루어졌다.

게다가 고등학교를 졸업하면 군 간부의 자녀 등 한정된 사람만 대학에 갈 수 있었고, 나머지 졸업생들은 농촌으로 하방되었다. 학생들은 그때까지 일자무식이라며 무시하던 농민들에게 가르침을 청하며 익숙지 않은 육체노동에 종사할 수밖에 없었다.

결국 문화대혁명 10년간의 교육 부재는 이후의 중국 사회에 커다란

1966년 천안문 광장에서 홍위병 대표에게 받은 완장을 그 자리에서 바로 착용하고 환호에 응답하는 마오쩌둥. 이로써 홍위병 완장의 가치가 높아졌다.

화근을 남겼다.

홍위병의 상징이었던 붉은 완장은, 그들이 자발적으로 마오쩌둥의 수많은 글 속에서 '홍' '위' '병'이라는 글자를 찾아 조합해서 노란 글씨로 넣은 것이었다.

이 완장은 문화대혁명이 시작되던 해 여름에 홍위병이 마오쩌둥에게 직접 바쳤고, 마오쩌둥은 이를 팔에 착용해 보임으로써 홍위병이 자신이 보증하는 엘리트임을 세상에 알렸다.

이때 마오쩌둥에게 완장을 전달한 초기 홍위병 대표였던 여성은, 이 접견 전 마오쩌둥주의에 반대하던 모교의 부교장을 때려죽이는 데 앞장섰다고 한다. 당시에는 죄를 묻기는커녕 당연히 칭찬을 받았지만, 문화대혁명의 광풍이 가라앉을 무렵에는 미국으로 이주(도주?)했고 훗날 부교장의 죽음에 사죄했다.

이렇듯 마오쩌둥의 보증을 받았던 붉은 완장은 홍위병의 폭력이 점점 더 거세짐과 함께 공포의 인장이 되어 나치의 붉은 완장과 똑같은 길을 걸었다.

새빨간 『마오쩌둥 어록』

학생들을 규합하기에 가장 효과적이었던 것이 붉은 『마오쩌둥 어록』이었다. 『마오쩌둥 어록』과 마오쩌둥의 초상화가 들어간 배지,

그리고 완장은 홍위병이 반드시 소지해야 할 세 가지 품목이었다.

마오쩌둥의 글은 고전에서 인용한 부분이나 우화적인 예가 많아 이해하기 꽤 어렵다. 훗날 마오쩌둥의 후계자로 지목되는 린뱌오林彪가 대중이 이해하기 쉽도록 『마오쩌둥 어록』으로 정리한 뒤, 주머니에 넣어 다닐 수 있는 수첩(B6) 크기로 만들어서 배포한 것이 주효했다. 린뱌오는 마오쩌둥에게 은인이나 다름없을 정도로 공헌했지만, 야심이 없었음에도 마오쩌둥에게 의심을 사 도망칠 수밖에

위: 중국공산당 50주년 기념 포스터 '위대하고 영광스러우며 올바른 중국공산당 만세', 1971. 오른쪽에 있는 사람이 『마오쩌둥 어록』을 고안한 린뱌오이다. 두 달 뒤 린뱌오는 실각하고 사망한다.

'전 세계의 무산자들이여, 함께 일어서자!' 포스터, 1970년 전후. 『마오쩌둥 어록』과 배지는 전 세계에 발매되었다.

없었고 결국 비행기 추락으로 사망했다. 독재자란 으레 시의심이 많은 법이지만, 마오쩌둥도 스탈린처럼 시의심의 화신이었다.

『마오쩌둥 어록』은 문화대혁명 10년 동안 약 65억 권이나 인쇄되었다. 당시의 중국 인구를 약 8억 명으로 본다면 한 명당 8권이나 된다. 『마오쩌둥 어록』은 비가 오나 바람이 부나 매일 가지고 다니며 내보이고 언급했기 때문에 금세 손상되어, 여러 권을 가지고 있는 게 당연했다. 마오쩌둥의 사진이 실린 서적이나 신문 등을 함부로 다루었다가는 벌을 받았기에, 손상된 『마오쩌둥 어록』을 처분하는 일도 골치 아팠을 것이다.

흑오류로 판정받은 가정에서는 마오쩌둥에게 찬성한다는 의사 표시로 출입문에다 『마오쩌둥 어록』을 붙였다. 홍위병에게 박해당하지 않으려는 일종의 부적이었다. 홍위병들이 집에 들이닥쳤을 때에 대비해 가구 등에도 붉은색을 칠했다. 값비싼 골동품이 부서지거나 약탈당하지 않도록 은닉하려는 의도였으니, 재난에서 몸을 지켜줄 부적과 같은 붉은색이다. 붉은색의 액운을 피하려고 붉은색을 이용하는 복잡한 상황이 펼쳐졌다.

마오쩌둥의 초상화 배지를 고안한 사람도 불쌍한 린뱌오였다. 홍위병의 세 가지 필수 품목 중 두 가지가 린뱌오의 발상이었으니 마오쩌둥은 린뱌오에게 고개 숙여 고마워해도 모자랄 터였지만 도리어 그를 죽음으로 내몰았다. 역시 독재자의 필수 조건은 사람을 믿지 않는 것이다. 마오쩌둥은 이를 분명하게 보여주었다.

마오쩌둥 배지도 홍위병에게 트집을 잡히지 않기 위한 부적 역할을 했다. 다만, 앞서 언급했던 흑오류는 배지 착용이 금지되었다. 나치도 유대인 아이들에게는 나치 소년단·소녀단 배지를 달지 못하게 했기 때문에 누가 유대인인지 바로 드러날 수밖에 없었는데, 문화대혁명 당시의 중국도 비슷했던 것이다.

배지는 문화대혁명이 시작되고 2년 몇 개월 만에 80억 개나 생산되었다. 1950년대부터 1970년대에 이르는 30년 동안 지구상에서 제조된 마오쩌둥 배지 이외의 배지가 25억 개라 하니, 광란이라 해도 좋을 프로파간다 정책이다(야부키 스스무矢吹晋,『마오쩌둥과 저우언라이毛沢東と周恩来』, 고단샤講談社, 1991). 배지의 재료는 알루미늄과 플라스틱이었다. 대부분 공짜로 나누어줬으니 경제적 손실도 틀림없이 엄청났을 것이다.

빛의 색은 파란색에서 시작되었다

이 장의 마지막은 '흰색'으로 맺어보자. 무엇보다 빛의 색이니까.

빛의 색은 1차세계대전과 인플루엔자(소위 '스페인독감') 팬데믹 이후에 '흰색'으로 수렴되며 구체성을 띠게 되었지만, 더 옛날로 거슬러올라가면 빛의 색은 '파란색'이었다.

프랑스(당시에는 프랑크왕국)의 왕 샤를마뉴(훗날 유럽을 통일하며 카롤루스대제로 칭해진다)는 기독교에 대한 신앙심을 나라의 통치에 이용하려고, 기독교 고전의 부흥을 꾀하며 고전 문서를 필사하게 했다. 이를 이탈리아 르네상스와 대비하여 '카롤링거 르네상스'라고 부른다(샤를마뉴가 프랑크왕국 카롤링거왕조의 혈통이었기 때문이다).

이 문화적 부흥 과정에서 '빛'의 색은 과연 무슨 색인가 하는 논쟁이 일어났다. 빛이 색이라면, 그 색은 성스러움을 띠고 있어야 한다. 빛은 신이기 때문이다.

원래는 금색을 빛의 색으로 간주했는데, 그 외의 색으로는 무엇이 있을지 왈가왈부하는 논쟁이 몇 세기나 이어지다가 하늘(빛)의 색인 '파란색'이 '빛'의 색으로 부상했다.

그리고 천국을 유사 체험하는 장으로서 성당 안을 빛으로 채우기 위해 스테인드글라스를 도입한다.

스테인드글라스는 신자들의 시선을 하늘(성당 상부)로 향하게 만들어야 했으므로 세로로 길어졌다. 창문 너머로 밖을 보는 습관이 없었던 중세의 신자들은 스테인드글라스

카롤루스대제 치하, 독일 로르슈수도원에 설치된 스테인드글라스, 9~10세기. 상당 부분 훼손되었으나, 그리스도의 얼굴을 형상화했다고 전해진다. 이후 스테인드글라스는 세로로 길어졌다.

에서 비쳐 들어오는 빛과 색을 보며 더없는 행복을 느꼈다. 그 빛을 체현하는 색으로서 파란색이 많이 사용되었다.

하지만 20세기 초반 1차세계대전과 팬데믹을 체험한 유럽에서는 빛의 색으로 '흰색'을 주목한다. 이에 대해서는 뒤에서 더 자세히 설명하겠다.

일본에서 '파란색'은 청춘靑春, 청과靑果, 청년靑年, 풋내靑臭い, 풋내기靑二才 등 젊고 신선하다는 의미로 사용된다. 빛이라는 의미까지는 없지만, 가능성을 품고 있다는 이미지로 보자면 빛과 다소 통하는 느낌이 든다.

암흑 같은 전쟁과 전염병

1914년부터 1918년까지 온 유럽을 전란에 휘말리게 했던 1차세계대전은 사상 초유의 대량 살육을 초래하며 유럽인들을 허무에 빠뜨렸다. 사망자는 900만 명 이상, 부상자는 2,000만 명 이상이었다. 독가스, 전차, 비행기 등 신무기가 등장하면서 피해는 눈덩이처럼 불어났다.

독가스로 실명하거나 화상을 입어 얼굴이 망가진 병사들의 상처를 감춰주는 인공 장구로서 마스크도 유행했다. 마스크를 만들기 시작한 사람은 의사가 아니라 프랑스로 이주한 미국인 조각가였다.

꽤 정교하게 만들어진 마스크는 많은 부상병들의 마음을 위로해주었다.

영국·프랑스 등과 함께 연합국 측에 참여했던 러시아제국에서는 오래 지연되는 전쟁에 국민들의 염증이 높아졌다. 1917년 2월과 10월 두 차례의 혁명으로 로마노프왕조가 붕괴되면서 사실상 전쟁에 계속 참여하기 어려워졌고, 결국 연합국에서 이탈했다.

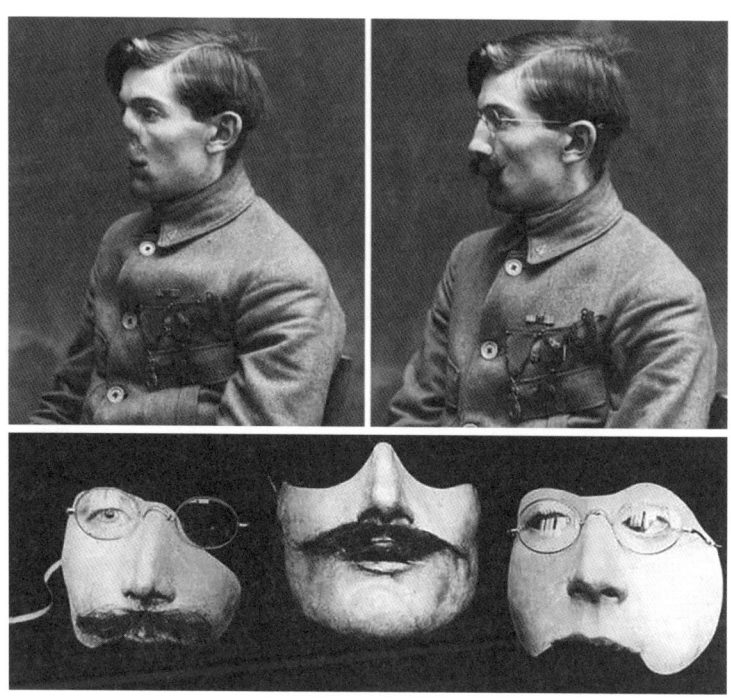

위: 마스크 착용 사례. 미국인 조각가 안나 콜먼 래드는 '포트레이트 마스크 스튜디오'를 열어 얼굴에 부상을 입은 병사들을 위해 인공 장구를 만들기 시작했고, 평생을 마스크 제작에 바쳤다.
아래: 안나가 만든 마스크의 예. 꽤 정교해서 실제 얼굴과 구분이 거의 안 될 정도였다.

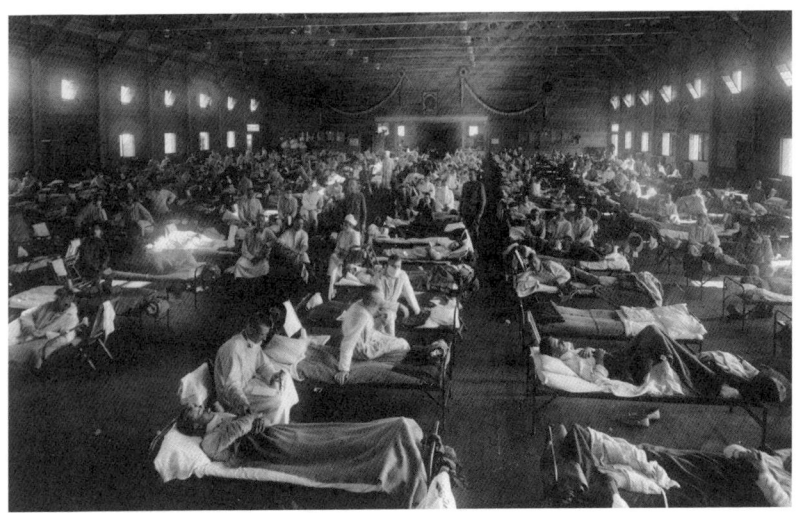

위: 스페인독감에 걸린 병사들이 수용된 미국 육군 펀스턴 기지, 1918~1919
아래: 일본 내무성의 예방 선전 포스터 '빨리 손을 쓰면 금방 낫는다', 1920

종전까지 8개월을 남겨둔 1918년 3월, 미국에서 인플루엔자가 유행한다. 1차세계대전에 참전한 미국 병사들로 인해 유럽에서도 인플루엔자가 퍼지면서 팬데믹이 일어난다. 특히 비위생적인 참호전이 유행에 박차를 가했다.

일본은 중국에서 독일의 이권을 그대로 손에 넣으려고 연합국에 참가했지만, 유럽에 군대를 파견하지는 않았다. 하지만 전쟁 특수로 군수물자를 수출하는 등 유럽 여러 나라와 교류가 활발해지면서 일본 내에도 인플루엔자가 상륙했고, 결국 팬데믹이 일어났다.

인플루엔자는 세계적인 유행이 되었다. 팬데믹은 1차세계대전보다 두 배 이상 많은 사망자를 낳은 대참사였다. 인플루엔자가 세계대전의 종식을 앞당겼다고도 할 수 있을 정도다. 인플루엔자로 많은 사람이 죽어나가면서 전방에 보충할 인력을 징병하기가 어려워졌기 때문이다.

1차세계대전과 팬데믹으로 이중 피해를 입은 유럽을 허무주의 Nihilism가 뒤덮는다. 언제라도 죽음이 닥쳐올 수 있음을 인식한 것이다.

체념에서 태어난 신즉물주의新卽物主義, 회의감에서 태어난 다다이즘Dadaism, 현실도피적인 초현실주의Surrealism, '광란의 20년대Roaring Twenties'라고 불렸던 1920년대의 퇴폐적이고 떠들썩한 카바레 문화 등 전쟁과 전염병은 세계의 종말을 실감하게 했다.

독일이 1차세계대전에서 패한 이유는 유대인이 중심이 된 공산주의자들의 혁명 때문이라며, '등뒤에서 칼을 꽂았다'는 반유대주의로 자신의 세력을 불리던 히틀러와 그를 따르는 나치가 등장한 시기도 1921년이었다.

'청결'한 흰색

전쟁과 전염병의 참상을 목도한 사람들은 구원의 '빛'을 갈구하기 시작했다. 어둠을 불식시켜줄 새벽빛이다. 이를 대신한 것이 '빛'과 유사한 '흰색'이었다.

　19세기 중반, 영국의 빅토리아여왕은 결혼식에서 하얀 웨딩드레스를 입었다(이전까지는 웨딩드레스의 색이 다양했다). 선원들 사이에서는 파란색과 흰색이 조합된 세일러복도 등장한다. 흰색 바탕의

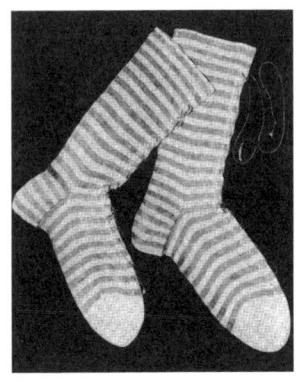

견직 양말, 영국, 1860년경

세일러복 줄무늬가 신선하고 청결한 느낌을 주었고, 이 색상 조합은 아이들의 속옷, 양말, 수영복 등에 활용되며 유행했다. 이렇게 다양한 상황이 겹치면서 흰색이 주목받기 시작했다. '바탕'을 이루던 흰색이 다른 색과 조합됨으로써, 그저 미완의 바탕이 아닌 하나의 색으로 조명받은 것이다.

위: 아이들 사이에서 유행했던 세일러복, 19세기 말. 한가운데에 있는 사람은 어린 시절의 샤를 드골
아래: 나이팅게일이 일했던 슈코더르 야전병원의 병동, 윌리엄 심슨, 1856

같은 시기, 크림전쟁에 간호사들을 이끌고 참가한 플로렌스 나이팅게일Florence Nightingale은 병원 환경을 청결하게 유지함으로써 병사들의 사망을 줄일 수 있음을 증명했다. 이로써 '흰색=청결함'이라는 의식이 생겨났다. 나이팅게일의 흰색은 색이 없다는 의미의 '흰색', 전쟁에서 흘린 붉은 피와 대척점에 있는 거즈나 시트의 '흰색', 본바탕으로서의 '흰색'이다.

참고로 유화를 그릴 때는 캔버스에 바로 채색하지 않고 반드시 바탕에 흰색을 먼저 칠한다. 색으로서의 흰색이 아니라 다른 색이 돋보이도록 조연 역할을 하는 흰색이다.

19세기 말은 아르누보 같은 장식의 시대였다. 20세기에 들어서자, 이에 대항이라도 하듯 이제 장식은 필요 없다는 무장식無裝飾주의가 등장한다. 건축가 아돌프 로스Adolf Loos도 그중 한 사람으로, 아무런 장식이 없는 새하얀 건물을 선보였다가 많은 비난을 받았다. 이 역시 색으로서의 흰색이 아니라 장식이 없다는 의미에서 '바탕'이 되는 흰색이다.

빛의 색은 흰색이 되었다

1차세계대전 뒤인 1919년, 독일 바이마르에 바우하우스Bauhaus가 개교했다. 건축·미술·디자인·사진·공예 등을 가르치는 종합예술학교다. 건축과 디자인, 공예가 교육 과정에 들어 있다는 점에서 보이듯, 다다이즘처럼 순수미술에만 치우치지 않고 사회와 생활에 밀착된 표현을 추구했다. 전후 부흥의 의미를 강하게 품은 학교였다.

바우하우스의 초대 교장은 발터 그로피우스Walter Gropius였지만, 제2의 교장이라고 불릴 정도로 영향력이 컸던 인물은 요하네스 이텐Johannes Itten이었다.

색채학을 담당했던 이텐은 유독 '흰색'에 집착했다. 이텐은 원래 조로아스터교 계열의 '마즈다즈난Mazdaznan'이라는, 미국에 본거지를 둔 종교 단체의 신자였다.

조로아스터교는 유대교와 기독교보다 훨씬 더 오래된 종교로, '빛과 어둠'이라는 이분법(기독교식으로 말하자면 '신과 악마')을 처음으로 주장했다고 알려져 있다. 즉, 이텐이 신봉한 것은 빛의 신이었다.

이텐은 그 빛과 흰색을 결부시켰다. 이러한 발상의 연장선에 '빛을 발하는' 백인은 인류 중에서도 지고의 존재라고 여기는 백인우월주의가 있었다.

이텐이 바우하우스의 마이스터(교사)가 되고서 처음 출판한 판화집에 〈백인의 집〉(1920년 혹은 1921년)이라는 작품이 있다. 하얀 정육면체 두 개를 겹친 형태의 주택 디자인으로, 백인우월주의를 은연중에 드러내는 설계안이다.

하지만 온통 하얀 이 건물은 다른 마이스터들에게 '흰색'이라는 색상을 재인식시켰다. 흰색은 아무것도 없는 게 아니라, 빛을 끌어들이는 밝고 풍요로운 색이라는 발견이었다.

바우하우스는 국립교육기관이었기 때문에 때때로 교육의 성과를 발표해야만 했다. 그 첫번째 전시회는 두꺼운 사각형 두 개를 겹친 듯한 하얀 모델하우스 '하우스 암 호른Haus am Horn'(호른 거리의 집)에서 열렸다(1923). 전시물은 바우하우스에서 제작한 가구 및 생활 소품 등이었는데, 그 소품마저도 모두 흰색이었다. '흰색'이 하나의 색으로 데뷔한 것이다.

'흰색'은 이텐이 품었던 백인우월주의의 색에서 빛의 색으로 변모했다. 마침내 '흰색'이 색을 획득하던 순간이다.

르코르뷔지에Le Corbusier는 파리에서 열린 아르데코 전람회에서

정육면체 두 개를 결합한 〈백인의 집〉(이텐, 1920 혹은 1921)

위: 두꺼운 사각형 두 개를 겹친 듯한 바우하우스의 첫번째 전시장 '하우스 암 호른', 1923
아래: 하우스 암 호른의 주방용품들. 모두 '흰색'으로 통일되어 있다.

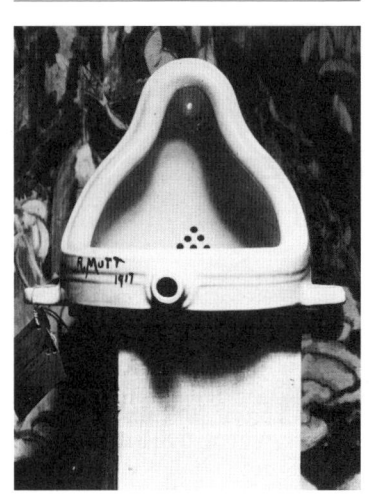

스티글리츠가 촬영한 〈샘〉(뒤상, 1917)

흰색이 두드러진 직육면체 건물 '에스프리 누보 파빌리온L'Esprit Nouveau Pavilion'을 프랑스관으로 설계했다. 잡지에 소개할 때는 건물의 흰색과 형태가 더 두드러지도록 에어브러시로 사진을 하얗게 수정했다고 한다(혼다 아키코本田晃子, 『도시를 상영하라都市を上映せよ』, 도쿄대학출판회東京大學出版會, 2022).

마르셀 뒤샹Marcel Duchamp은 남성용 소변기를 〈샘〉(1917)이라는 이름으로 잡지에 발표할 때, 앨프리드 스티글리츠Alfred Stieglitz가 촬영한 사진 속 변기의 가장자리에 흰 선을 그려넣어 윤곽을 강조했다. 바로 '반사광'으로서의 '흰색'이다.

분홍색과 로큰롤

2차세계대전 뒤 미국의 상황은 1차세계대전 및 인플루엔자 팬데믹 이후의 유럽과 비슷했다. 2차세계대전이 끝나고 평화가 찾아왔나 했더니 냉전이 시작되었고, 미국과 러시아라는 두 강대국이 핵개발 전쟁에 돌입했다. 미국에서는 핵에 대비한 방공호 설치가 유행했고, 사람들은 핵전쟁으로 세계가 멸망하리라는 공포에 사로잡혔다.

광고계에서는 '피프티즈fifties'(1950년대)라고 불리는, 분홍색을 주류로 하는 파스텔 색상과 손으로 직접 쓴 듯한 서체 등이 크게 유행했다. 일상 속에 늘 공포가 도사린 듯 교착상태가 지속되는 가운데, 가짜라도 좋으니 조금이라도 밝게 살아가고 싶다는 열망을 색과 생동감 있는 서체로 표현했던

1950년대 미국 광고에 나타난 분홍색. 위에서부터 헤어드라이어, 여성용 보정속옷, 타자기

것이다. 1950년대 중반 로큰롤의 등장은 그런 의미에서 격렬한 향락을 추구한 결과라고 할 수 있겠다.

'항의'라는 말을 숨긴 흰색

'푸틴 전쟁'으로 러시아 내에서는 정보 통제가 극심해졌다. 이미 언급했듯이 'NO WAR'에 해당하는 러시아어는 금지되었고 '특별 군사작전'이라고 말해야만 한다. 거리에서 항의시위를 할 때 'NO WAR'는 물론, 'NO WAR'를 의미하는 'TWO WORDS'라는 표기도, 심지어는 흰 종이만 들고 있어도 구속되었다.

726년 비잔틴제국의 레온 3세는 성상숭배를 금지하는 명령을 내렸다. 당시 유럽에 비해 문화적으로 앞서 있었고 우상숭배를 이미 금지했던 이슬람군과 대치하면서 '아직 우상을 숭배하다니, 이런 미개인들이 있나' 하고 야유라도 받았는지는 모르겠으나, 레온 3세는 이슬람식으로 우상을 금지했다.

제국 내에는 성상 파괴 운동Iconoclasm의 광풍이 불어닥쳤다. 성상 혹은 그와 관련된 서책을 파괴하고 불태웠다. 태우기 어려운 성화는 성상 부분만 하얗게 칠하기도 했다. 감추고 무의미하게 만드는 '흰색'이다.

러시아혁명 당시, 종교를 부정하는 볼셰비키는 혁명 직후에 기독교의 교회와 유대교의 시나고그, 이슬람교의 모스크 등 종교시설을 모두 폐쇄한 뒤 '무신론박물관'이라는 무의미한 건물로 만들고는 하얗게 칠했다고 한다(로버트 베번Robert Bevan, 『기억의 파괴: 전쟁 속의 건축The Destruction of Memory: Architecture at War』, 2007). 이 역시 감추고 무의미하게 만드는 흰색이다.

푸틴 전쟁이 발발한 지 2주 이상 경과한 3월 14일, 러시아 국영 TV 제1채널의 직원이 뉴스 생방송 중에 난입해 영어 'NO WAR'와 함께 러시아어로 '전쟁을 멈춰라, 프로파간다를 믿지 마라, 그들은 당신에게 거짓말을 하고 있다'라고 쓴 종이를 들어 보였다. '그들'이란 푸틴 대통령과 측근들, 그리고 방송에 프로파간다를 내보내라고 명령한 간부들을 뜻한다.

이 직원은 곧바로 보안 요원들에게 체포당했다. 벌금을 내고 석방된 뒤에는 독일 미디어의 특파원 제안을 받았다고 한다. 그럼에도 러시아 내에 있는 한, 여러 위험을 감수해야 할지도 모른다.

모스크바에 있는 작은 독립신문사〈노바야 가제타Новая газета〉는 반골 성향의 신문으로 정평이 나 있었다. 편집장은 2021년 노벨평화상을 수상한 드미트리 무라토프Дмитрий Муратов다. NHK는 특집방송('우크라이나와 러시아—결별의 심층ウクライナとロシア—決別の深層', 2022.4.3.)에서 이 신문사를 취재했다.

특집방송에 따르면 이 신문은 러시아 국영 TV 직원의 용기 있는 행동을 보도한 지면에서 'WAR' 부분을 흐릿하게 처리하고, 그 아

'WAR' 부분을 흐리게 처리한 〈노바야 가제타〉 표지, 2022

아무것도 인쇄되지 않은 〈노바야 가제타〉의 페이지, 2022

래에 '제1방송국 중계에서 좀비 메이커(프로파간다를 내보내는 방송국을 뜻함)에게 균열이 일어나다. 형법으로 처벌받을까'라고 썼다.

다른 페이지에서는 '전쟁'이라는 단어조차 사용하지 못하지만 그렇다 해서 정부의 프로파간다를 보도하고 싶지는 않다는 의미로, 지면 전체를 공백으로 두었다. 많은 것을 이야기하고 밝히기 위한 '흰색', 바로 '항의'라는 말로 가득 채운 '흰색'이다.

그뒤 〈노바야 가제타〉는 '특별군사작전'이 종료될 때까지 발행정지 처분을 받았다. 휴간중에 편집장 무라토프는 열차 안에서 괴한에게 붉은 페인트 세례를 받는 등 습격을 당했다. 러시아혁명 뒤의 내전을 방불케 하는 붉은색과 흰색의 싸움이다.

러시아 밖으로 도피한 기자들과 부편집장 키릴 마르티노프Кирилл Мартынов는 〈노바야 가제타 유럽〉을 발간하며 활동을 재개했다.

다양한 백기

항복할 때 백기를 드는 행위는 아주 오래 전부터 있었다. 자신의 군대를 드러내는 특정한 모양이나 상징이 없다는, 즉 자기주장이 없다는 점에서 '싸울 뜻이 없다'는 의미로 받아들여진 것이리라.

서로 국경이 맞닿아 있어 싸움이 일어나기 쉬운 인접 국가 사이에는 고대부터 전쟁의 규칙이 어느 정도 정해져 있었다.

초기 이슬람법에서는 그 규칙이 세부적으로 규정되어 있었다. 어쩌면 세계에서 가장 앞서 있었다고도 할 수 있다. 예컨대 가혹한 적대 행위를 빠른 시일 내에 끝내기 위한 지침, 민간인과 전투원을 구별할 필요성, 파괴를 위한 파괴 방지, 부상자와 병자의 간호 등, 현재의 국제법에도 충분히 통용할 수 있을 만큼 군사행동에 인도적 제한을 두고 있었다.

15세기 대항해시대가 시작되자 탐험과 교역 등으로 상거래가 성행하게 된다. 더불어 식민지 획득 경쟁도 시작된다. 말하자면 '글로벌화'다. 얼마간 국제적 규칙의 필요성이 떠오르기 시작했다.

16, 17세기에는 기독교 구교와 신교 간의 종교전쟁도 빈번히 일어났다. 유럽 각국은 긴장을 늦추지 않았다.

1648년 30년전쟁이 끝난 뒤에 맺어진 베스트팔렌조약[5]이 국제법의 원형이 되면서 아마도 백기가 항복의 표시로 명기되지 않았나 싶다.

푸틴 전쟁은 '비우크라이나화'를 지향한다. 푸틴 대통령이 '우크라이나인은 존재하지 않으며 오직 러시아인뿐이다'라는 전제를 내

---

5 30년전쟁은 1618년 독일에서 로마가톨릭과 프로테스탄트 간의 종교전쟁으로 시작되었지만, 유럽 강대국들이 개입하면서 사실상 영토 확장 전쟁으로 치닫는다. 수많은 사상자를 내며 여러 지역을 처참하게 파괴한 끝에 베스트팔렌조약으로 막을 내리는데, 이는 최초로 근대적 외교 회의를 통해 체결된 평화조약이었다. 베스트팔렌조약은 종교의 자유를 보장함으로써 로마가톨릭교회와 신성로마제국의 지배적 권위를 실질적으로 무너뜨렸고, 국가 주권 개념에 기반을 둔 새로운 정치 질서를 유럽에 불러왔다.(옮긴이 주)

세우고 있기 때문이다. 그래서 우크라이나 민간인이 백기를 들어도 러시아 병사들은 총격을 가했다고 한다. 침략한 시점에서 이미 러시아는 국제 규칙마저 무시하는 무법국가가 되었다. 백기마저 무시하는 행동은 세계에 대한 대담한 도전이다.

일본은 줄곧 쇄국을 고수했기 때문에 일반인들은 국제법(만국 공통의 법)의 존재를 알지 못했지만, 나라시대 이래 백기를 항복의 표시로 사용해왔다.

1853년 매튜 페리Matthew Perry 제독이 개국을 요구하며 흑선 함대(온통 검은색으로 칠한 선체 때문에 일본인들이 흑선이라고 불렀다)를 이

페리의 흑선에 걸린 백기

끌고 우라가浦賀에 입항한다. 당시 일본에서 가장 큰 배의 약 3배에 달하는 근대적 함대를 뒤에 업고, 우호적이기보다는 두려움을 이용해 강압적인 외교를 벌였다.

흑선에는 미국 국기인 성조기와 함께 백기가 게양되어 있었다. 하지만 이 백기는 항복의 표시가 아니라, 이 깃발이 높이 걸리면 교섭 가능하니 승선해도 좋다, 싸울 의향이 없다는 의미였던 것으로 보인다(일본 측 대표에게 백기를 건네며 항복을 재촉했다는 설도 있다).

일본인에게 백기는 색상으로서 '흰색'이 아니라, 가공이 더해지지 않은 '바탕素'이다. 전문가(프로)가 아닌 '시로토素人'(아마추어), 술에 취하지 않았음을 뜻하는 '시라후素面', 도자기나 기와의 형태만 만들고 아직 굽지 않은 상태인 '시라지素地' 등의 단어에 나타난다. 나이팅게일의 흰색과 마찬가지로 이제 막 시작된 깨끗한 상태를 뜻한다. 일본에서 흰 깃발이 나부낄 때는 죽은 이를 애도할 때이다. 소복도 흰색이다. '바탕'으로 돌아가자는 뜻이다.

페리는 첫 내항 다음해에 다시 방문해 미일화친조약을 체결한다. 이때 일본도 국적을 나타내는 함선 깃발이 긴급히 필요했다. 사쓰마번薩摩藩의 시마즈 나리아키라島津斉彬 등의 제안에 따라, 이전부터 보급되었던 '흰 바탕에 붉은 원' 모양의 좁고 긴 깃발을 일본 측의 깃발로 사용했다. 국기가 결정되면서 일본이 세계에 정식으로 데뷔했다고도 할 수 있겠다.

칼럼 위장 전투복

18세기 중반 7년전쟁 당시, 미국 전선인 프렌치·인디언전쟁[6]에서 영국 직속의 식민지 민병대 '로저스 레인저스Rogers' Rangers'가 역사상 최초로 위장 전투복을 입었다. 이들은 온몸을 초록색 전투복으로 감싸고 숲속에 잠복해 저격수로 활약했다. 아직 '위장'이라는 개념이 퍼지기 한참 전이다.

19세기 중반, 인도에 주재하던 영국군 해리 럼스덴Harry Lumsden 중위는 인도의 땅 색깔과 잘 융화되는 군복으로 카키(우르두어로 '진흙'이라는 뜻)색을 생각해냈다. 1902년 영국 육군이 세계에서 가장 먼저 정식 군복으로 채택했고, 그 이후 카키색은 세계의 여러 군대에 퍼졌다(카키색은 갈색에서 녹색 계열까지 범위가 넓다). 총기·대포가 발달해 예전처럼 전장에서 눈에 띄었다가는 죽음으로 직결된다는 사실을 깨달으면서, 가능한 한 주위에 잘 녹아드는 색을 선택했기 때문이다.

1차세계대전에서는 항공사진 촬영이 시작되어 전차 및 대포 등에도 위장색을 입혔다. 군복 디자인에는 아직 도입되지 않았다.

'위장 무늬'를 처음으로 군복 디자인에 이용한 사람은 나치 무장친위대의 빌헬름 브란트 Wilhelm Brandt SS돌격대 지도자였다. 그가 디자인한 위장 무늬 첼트반Zeltbahn(판초나 케이프로 사용하다가 연결해서 텐트로 쓰기도 한다)과 헬멧 커버는 1937년 12월 실전 훈련에서 처음 선보이며 병사 손실을 15%나 감소시킬 수 있다는 높은 평가를 받았다. 연구는 계속 진행되었고, 마침내 1944년 위장 전투복이 완성되어 세계 최초로 무장친위대에 도입하였다(국방군은 별개의 조직이었기 때문에 도입하지 않았다).

미국 육군도 비슷한 시기에 위장 무늬를 시도했지만, 독일군 전투복과 비슷해서 오인 사격이 많아지자 채택을 보류했다. 미국 육군이 위장 무늬를 정식으로 도입한 것은 베트남전쟁 때였다. 정글 게릴라전에서 효과적이었기 때문이다.

21세기에 들어서는 러시아군, 중국군, 미국 육군 등에서 그래픽 도트 무늬를 이용한 '디지털 위장'을 채택했다. 하지만 미국 육군은 아프가니스탄전쟁에서 별 효과를 보지 못해 이전의 '아날로그 위장'으로 되돌아갔다.

미래에는 메타 물질[7]을 이용한 망토 등 완전히 '사라지는'(존재를 보이지 않게 만드는) 방향으

---

6 오스트리아가 프랑스와 손을 잡고 프로이센을 공격하면서 7년전쟁이 일어나자, 프로이센은 영국과 동맹을 맺었고 러시아와 스페인 등은 오스트리아에 가담한다. 이때 유럽 각국은 물론, 여러 식민지들까지 전쟁에 휘말렸는데, 당시 북미 대륙에서 대립한 나라는 영국과 프랑스였다. 프랑스와 인디언이 동맹을 맺고 영국에 대항해 싸웠기 때문에 '프렌치·인디언전쟁'(1754~1763)이라고 불렸다.(옮긴이 주)

7 Metamaterial. 자연계에서 발견되는 광학적 특성을 지니지 않은 물질. 기존 물질에 미세한 불

로 가게 될 것이다. 영화 〈프레데터〉(존 맥티어넌 감독, 1987)에서 그려냈던 세계다. 그러나 이제는 인간의 눈만이 아니라 적외선카메라 등을 동원하고 있으니, '위장 무늬'는 실제 카무플라주camouflage 효과보다는 전투복의 이미지로 남게 될 것이다.

순물을 주입하여, 그 속을 통과하는 전자기파를 휘어지게 만든다. 군사적으로는 투명 망토처럼, 착용했을 때 뒤쪽 배경이 그대로 투과되어 보이는 기술 등에 응용되고 있다.(옮긴이 주)

2장 전쟁과 상징

〈TASS의 창〉 통신 504호 포스터 '우뢰'. 영국·미국·소련 연합군이 나치 독일을 공격하고 있다. 풍자화가 커클린스키, 2차세계대전.

'푸틴 전쟁'의 상징

우크라이나를 침략한 '푸틴 전쟁'에 대해 러시아 내에서는 침략이 아니라 '특별군사작전'이라고 프로파간다를 펼쳤다. 아니, 큰소리를 쳤다. 러시아군은 전차 및 군용트럭의 몸체에 알파벳 'Z'나 'V' 문자를 표시했다. 러시아어를 표기하는 키릴문자로는 'Z'가 '3', 'V'가 'B'인데, 왜 알파벳을 사용했는가 하는 흥미로운 질문이 떠오른다.

'Z'와 'V' 모두 처음에는 러시아군을 나타내던 식별기호로, 장비 등에 곧잘 사용되었다.

하지만 'Z'는 식별기호를 넘어 서서히 침략의 기호가 되었다. 러시아 내에서 'Z'는 '특별군사작전'의 상징이 되어 티셔츠, 방한용 재킷을 비롯한 여러 물품에 표시되었고, 승용차나 가게 진열창 등 다양한 장소에서도 보이게 되었다.

러시아의 승전기념일에는 2차세계대전 당시 나치 독일의 항복을 기념하는 시가행진이 열린다. 2022년에 열린 기념행사 리허설에서는 전투기 여덟 대가 'Z'자 형태의 편대비행 쇼를 펼쳐 보였다. 'Z'가 러시아군의 상징임을 정권 측이 정식으로 인정한 셈이다. 하지만 기념일 당일에는 비행 쇼를 거행하지 않았다. 악천후 때문이라지만, 사실은 기념일에 내보일 정도로 이렇다 할 전과가 없어서 다소 자제한 것으로 보인다.

말풍선 안에 'Z'를 넣으면 만화에 많이 등장하는, 졸고 있는 장면이 된다. 『스누피』에도 등장한다.

러시아군은 잠에 취하기라도 한 듯 전투 초반부터 규율이 흐트러져 있었고, 사기 저하로 전략적인 실수도 저질렀다. 지휘 체계의 혼란이 아니라, 우크라이나에 러시아 병사들의 친구, 지인, 친척이 있어 일부러 태업을 했다고 보는 설도 있다.

하지만 전쟁이 길어지면서 잠에서 깼는지 한층 잔학해졌고 성폭력도 저지르는 등 러시아 병사들은 점점 비인간화되어갔다.[8]

'Z'의 의미

러시아군의 상징 'Z'가 어떤 의미인지에 대해서는 여러 가지 말들이 있다. 러시아 서쪽에서 침략했으므로 'Zapad(Запад, 서쪽)'의 머

---

8 푸틴 대통령이 지나치게 파괴적이라고 말하는 세력이 있는 한편, 푸틴 대통령이 무르다고 보는 퇴역군인 집단도 있다. 어느 쪽이나 푸틴 정권 이후를 내다보는 듯하다. 하지만 지금 일어나고 있는 전쟁에 많은 죽음이 얽혀 있다는 사실은 제대로 보이지 않는 모양이다.(글쓴이 주)

『스누피』에서도 'Z'는 잠을 표시하는 기호로 사용된다.

리글자라거나, 혹은 'Za pobedu(Запобеду, 승리를 위하여)'의 'Za'(위하여)에 해당하는 'Z'라고들 수군거린다.

'V'는 당연히 '승리Victory'의 'V'이다. 블라디미르 푸틴Vladimir Putin의 'V'가 아니냐고 비아냥거리기도 하지만, 우크라이나의 볼로디미르 젤렌스키Volodymyr Zelenskyy 대통령의 이름도 'V'로 시작한다. 게다가 젤렌스키는 성의 머리글자도 'Z'이니, 젤렌스키 대통령의 이름을 식별기호로 삼았느냐고 조롱할 수도 있겠다. 어쩌면 블라디미르의 'V'가 볼로디미르의 'V'를 제압한다는 의미일지도 모른다. 망상이 꽤나 부풀어버렸는데, 어쨌든 직접적으로 이름을 드러내려 했다면 푸틴 대통령의 'P'밖에 없었을 것이다.

2022년 3월 18일, 크림반도 합병 8주년 기념행사장에서는 많은 사람이 러시아 국기를 흔들었고, 그중에는 가슴에 'Z'자를 단 사람도 있었다. 행사를 진행한 남녀 사회자의 가슴에도 1장에서 언급했던 '게오르기예프 리본'으로 만든 'Z'가 달려 있었다.

사실 여부는 알 수 없지만, BBC 뉴스의 취재에 따르면 꽤 많은 사람들이 고용주의 강요나 휴가를 주겠다는 꼬드김으로 동원되었다는 의혹도 있다. 어쨌든 이렇게까지 국기와 'Z'가 난무하는 데에는 위화감을 느끼지 않을 수 없다.

푸틴 대통령이 연설하는 무대 위에는 '나치즘 없는 사회를 위하여' '러시아를 위하여'라는 구호가 걸려 있었다. 어느 쪽이나 '위하여'지만, 키릴문자인 'ЗА'가 아니라 'ZA'라는 알파벳 표기였다. 역시 'Z'의 의미는 '위하여'로 수렴된다.

러시아의 침략에 반대하는 사람들은 'Zachem(Зачем, 왜?)', 즉 '왜 침략했는가?'의 'Z'라고 비판한다. 좀비зомби도 'Z'로 시작된다. 1장에서 언급했던 '좀비 메이커'는 (〈노바야 가제타〉가 표현한 바와 같이) 국가의 프로파간다를 내보내는 TV 방송국을 가리킨다.

러시아군이 'Z'를 사용함으로써 머리글자가 'Z'인 기업들은 이미지 하락을 우려하기도 했다.

크림반도 합병 뒤, 러시아의 독단적인 결정하에 크림공화국의 검사장으로 취임한 나탈리야 포클론스카야Наталія Поклонська는 '친러시아·친푸틴'의 상징적인 인물이다. 2022년 4월 말 당시 러시아 연방 대외지원청 부국장이었던 포클론스카야는 체포될 위험을 무릅쓰고 푸틴 전쟁의 'Z'가 '슬픔과 비극의 상징'이라고 발언했다가, 결국 해임당해 쫓겨났다.

'Z'라는 프로파간다

여기서 최초의 의문, 왜 키릴문자가 아닌 알파벳을 사용했는가 하는 문제로 돌아가보자.

우선, 세계를 향한 주장이자 프로파간다라는 점을 생각해볼 수 있다. 우크라이나 침략에만 그친다면 'Z'에 해당하는 키릴문자 'З'

로도 충분하다.

하지만 침략 이전부터 미국과 나토는 러시아가 군사행동을 일으키더라도 파병하거나 개입하지 않겠다는 입장을 밝혔다. 이는 푸틴 대통령이 침략 결단을 내리게 된 계기 중의 하나였다. 만약 미국 대통령이 트럼프였다면 어떤 행동을 할지 예측하기 어려워 침략을 결단하지 않았을지도 모른다는 의견도 있다.

또한 푸틴 대통령도 이번 침략은 단기간에 결판이 나리라 예측하고 있었다. 우크라이나의 크림반도를 합병했을 때와 마찬가지로 간

푸틴과 나치의 유사성을 표현한 애덤 지글리스의 캐리커처, 2022

단한 일이라고, 세계는 결국 침략, 아니 '특별군사행동'을 승인할 수밖에 없으리라고 보았다. 모조리 얕잡아보았던 것이다. 그런 점에서 이미 '개선'을 염두에 두고 세계에 과시하기 위해 굳이 알파벳을 사용했는지도 모른다. 프로파간다로서의 'Z' 'V'이다.

갈고리십자의 두 선을 회전시켜 겹치면 'Z'가 된다는 캐리커처도 등장했다. 푸틴 대통령과 나치를 똑같이 놓고 보여주는 최고의 풍자다.

선박 등에 걸리는 국제신호기로 'Z기'가 있다. 대각선 두 개로 사분할된 면에 각각 노란색·파란색·붉은색·검은색이 들어가는데, 움직이지 못하니 배를 인항해달라거나 지금은 투망하느라 멈춰 있으니 주의하라고 알릴 때 사용한다.

일본에는 독자적인 Z기 사용 방식이 있다. 러일전쟁 당시, 기함 미카사三笠를 지휘했던 연합 함대 사령관 도고 헤이하치로東鄕平八郎가 '일본의 존망은 이번 일전에 달려 있으니 죽을 각오로 싸우라'는 의미에서 Z기를 걸고 큰 승리를 거두었다. 이후 태평양전쟁에서도 일본의 앞날이 달린 전투를 앞두었을 때 Z기를 걸었다. 시간이 흐르면서 전시가 아니더라도 '모두 하나가 되어 분투하자'라는 의미로 사용되기에 이른다. 다만, 이는 일본에 한정된 이야기이다.

혹시 러일전쟁에서 얻은 굴욕을 푸틴 대통령이 'Z'로 해소시키려 하는 게 아닌가 하는 망상도 떠오른다. 하지만 푸틴 대통령 입장에서는 1989년 아프가니스탄에서의 패배, 혹은 소련 붕괴가 더 굴욕

적일지도 모르니, 역시 망상은 그저 망상일 뿐이다.

푸틴 전쟁이 장기화되면서 러시아에서는 부족한 병력을 채우기 위해 지하철 등에 징병 포스터를 붙였다. 포스터에는 게오르기예프 리본으로 그려진 'Z' 기호와 함께 '내가 해야 할 일'이라며 '18세 이

위: 러일전쟁(1905) 당시 일본 연합함대의 기함 미카사에 Z기가 게양되어 있다. '미카사함교의 그림'(도조 쇼타로, 1906)
아래: 국제신호기 'Z기'

상, 단기 계약, 월수입 (원화 기준) 42만~70만 원, 박격포병 등의 군무, 경험 불문' 등의 문구가 쓰여 있었다. 월수입은 병사 평균 급여와 비슷하지만, 군무가 '박격포병'인데 '경험 불문'이라는 점이 얼마나 무서운 말인지는 당연히 언급하지 않는다. 박격포는 경험이 필요하며 최전방에 나가야 한다. 미경험자를 죽음과 이웃하는 군무에 밀어넣을 작정인 것이다.

푸틴 전쟁으로 지하철에 붙은 '게오르기예프 리본' 징병 포스터(간략화한 그림), 2022. 오른쪽 문구는 '내가 해야 할 일(군대 지원)'이다.(가네마루 미나미 그림)

박해에서 태어난 '십자'

진군의 대표적인 상징이라면 11세기 말에 등장한 십자군의 '십자'이다. 당시의 교황 우르바누스 2세는 기독교 공의회에서 십자를 상징으로 내걸며 이교도인 이슬람교도들이 점령한 성지 예루살렘을 되찾겠다고 선언한다. 제후와 민중들은 열광적으로 십자를 받아들였다. 이때 '십자'는 '살인을 허가하는 기호'(〈007 살인번호〉라는 영화가 있었다)가 되었다.

예루살렘이 유대교, 기독교, 이슬람교라는 3대 종교의 성지라지

십자 문양을 가슴에 붙인 '1099년 7월 15일 십자군의 예루살렘 탈환'(에밀 시뇰, 1847)

만, 기독교와 이슬람교 모두 유대교에서 파생된 종교이니 당연히 성지가 겹친다. 당시에 문장紋章을 그린 방패도 유행하기 시작했는데, 십자 문양이 가장 단순해서 기독교도들이 친숙하게 받아들였다.

'십자'라는 형태를 기독교도들이 주목하기 시작한 것은 3, 4세기경으로 보인다. 지금은 믿기 어려운 일이지만, 당시 로마제국에서는 기독교도가 박해받고 유대교도가 우대를 받았다. 이슬람교는 아직 태어나지도 않았다(7세기경 무함마드가 창시한다). 즉, 기독교는 주류는커녕 이교 취급을 받았다. 이때 당한 박해와 당시 주류였던 유대교에 대한 원한이 훗날 유대교 박해의 한 원인이 된다.

에도시대의 가톨릭과 마찬가지로, 당시에는 기독교도라는 사실이 밝혀지면 죽임을 당하거나 노예가 되었다. 기독교에게는 한겨울처럼 혹독한 시대였다.

이때 기독교도들은 신도 사이에서 통용될 다양한 기호나 표시를 정했다. 기호라고는 하나 모세의 십계에서 우상숭배를 금지했기 때문에 암호에 가까웠다.

예컨대 '예수 그리스도, 하나님의 아들, 구세주'의 라틴어 앞 글자를 각각 따면 그리스어로 물고기를 뜻하는 단어가 되므로, 암호로 물고기 그림을 그리는 식이었다.

그중 하나로 'XP'를 겹친 모노그램monogram이 있다. 'XP'는 그리스어로 '그리스도'의 앞 두 글자이다. 이 'X'가 이후 십자의 원형이 된다.

영국의 유니언잭은 잉글랜드 국기 ✝(성 조지 십자가)와 스코틀랜드 국기 'X'(성 앤드류 십자가)를 합친 것인데, 스코틀랜드의 'X'는 그리스어의 'X'를 계승했다고 할 수 있다. '성 조지'는 1장 '전쟁과 색'에서 러시아의 검은색과 오렌지색 리본을 다루며 이야기했던 '성 게오르기우스'의 영어식 발음이다. 성 조지는 ✝ 모양 십자가, 성 앤드류는 X 모양 십자가에서 처형당했다고 한다.

물고기 모노그램. 물고기 안에 '익투스'(그리스어로 '물고기')라고 쓰여 있다. 그 외에 비둘기, 불사조, 공작, 새끼 양, 포도나무 등의 그림도 사용했다.

'그리스도'를 뜻하는 그리스어의 앞 두 글자 'XP'를 겹친 모노그램

상징이 된 '십자'

기독교가 예상보다도 널리 퍼져나가자 로

영국 국기의 변천
첫번째: 잉글랜드 국기. 12세기 초반 잉글랜드는 붉은 바탕에 흰 십자, 프랑스는 흰 바탕에 붉은 십자가 들어간 깃발을 쓰기로 결정했는데, 13세기에 잉글랜드가 마음대로 흰 바탕에 붉은색 십자를 사용해버리면서 프랑스는 붉은 바탕에 흰 십자로 바꿀 수밖에 없었다.
두번째: '성 앤드류(안드레아) 십자가'로 알려진 X 형태의 스코틀랜드 국기
세번째: 붉은색 'X'가 그려진 아일랜드의 '성 패트릭(파트리치오) 십자' 깃발
네번째: 위의 세 가지가 합쳐진 현재의 영국 국기

마 황제는 통치를 위해 이를 이용하기로 결심한다. 313년 마침내 기독교를 공인하고, 392년에는 국교로 삼는다. 드디어 기독교의 시대가 도래한 것이다.

기독교는 이렇게 세상이라는 무대에 서게 되었지만, 오랜 박해 시대에 사용해왔던 암호에 대한 기억은 사라지지 않았다. 밝은 햇빛 아래 새로운 세상의 근간이 될 신앙의 상징, 'X'와 같은 상징이 필요했다.

그러던 320년, 골고다 언덕에서 처형된 그리스도의 십자가가 발견된다. 몇백 년 전의 나무가 남아 있을 리도 없고 그저 소문에 불과했지만, 상징을 갈구하던 기독교도들에게는 하늘의 계시였다. '골고다 십자가' 열풍이 불어, 각지의 교회에서 골고다 십자가라고 주장하며 이런저런 나무를 안치하는 사태까지 생겨났다.

이렇듯 서서히 '십자'가 침투하다가, 6세기 즈음 기독교미술에 드디어 기독교의 상징으로 '십자' 형태가 등장한다.

푸틴 전쟁으로 러시아군에게 침공당한 우크라이나 거리 도처, 민간인 사망자를 가매장한 곳에는 손으로 만든 십자가가 꽂혀 있다.

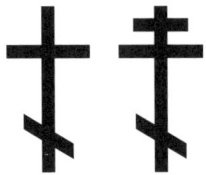

육단 십자(왼쪽)와 팔단 십자(오른쪽)

그 수많은 십자가들이 러시아군의 만행을 이야기하고 있다. 민간인 학살을 지휘한 중령은 포상을 받아 대령으로 승진했다고 한다. 정말로 참담한 이야기다.

이 묘지에 세워진 십자가는 러시아정교 등에서 사용하는(일본정교회에서도 사용한다) 독특한 형태의 십자가이다. 일본에서는 십자가 끝단의 개수에 따라 육단六端 십자, 팔단八端 십자라고도 부른다.

팔단 십자는 책형에 처해진 예수 그리스도의 십자가에 가까운 형태로, 맨 위 짧은 가로대에는 죄명을 기록했고 맨 아래 비스듬한 가로대는 양발을 지탱하는 받침대였다고 한다.

발 받침대는 그리스도의 방향에서 왼쪽보다 오른쪽이 높다(마주 보는 방향에서는 오른쪽이 낮다). 여기서 기독교의 오른쪽 우위론을 간파할 수 있다.『마태복음』에 '오른쪽은 축복받은 자, 왼쪽은 심판받은 자'라고 쓰여 있는데, 유대인 등은 왼편에 포함된다.

관에 팔단 십자나 육단 십자가 붙여져 있는 경우에도 고인의 방향에서는 십자가를 마주보게 되므로 발 받침대의 왼쪽이 높고 오른쪽이 낮다.

살해·파괴·죽음의 '십자'

십자군원정의 표면적인 목적은 이교도 배척과 성지 예루살렘 탈환이었다. '이교도 배척'에는 유대인도 포함하고 있었다. 유대인에 대한 대규모 박해는 이 십자군운동을 계기로 시작된다.

십자군에게 병참은 '현지 조달'이 기본이었다. 여기에는 필요한 물품을 이교도인 유대인에게서 강탈한다는 의미도 있었으니, '이교도 배척'이라는 점에서 십자군의 목적과도 합치한다. 일부러 멀리 돌아다니며 유대인을 학살하고 재산을 빼앗는 십자군 제후도 있었다. 십자는 '살해의 상징'이었다.

2차 십자군원정 이후에는 유대교도들이 기독교의 멸망을 기원하며 아기나 어린이의 피를 이용해 '살인의식'을 벌인다는, 지금으로 치면 '가짜 뉴스'가 횡행했다. '사악한 유대인'이라는 악의적인 선동은 십자군의 유대인 박해를 정당화했다. 아마도 성직자들이 가짜 뉴스의 발원지였을 것이다. 아기를 죽이는 자들이니까 박해해 마땅

1099년 예루살렘 시가지에서 유대인을 비롯해 이교도를 살육하는 십자군 병사

하다니, 어딘지 푸틴 전쟁이 내세우는 구실을 떠올리게 한다.

당시의 유대인은 통상적인 직업에 종사하는 것이 금지되어 있었다. 하지만 기독교도들이 3차 십자군원정을 일으키려면 자금을 빌려야만 했고, 공교롭게도 대부업은 유대인의 전문 업종이었다(이슬람교에서도 금지하고 있었다). 셰익스피어의 『베니스의 상인』에 등장하는 유대인 샤일록이 고리대금업자였던 이유도 대부업밖에 허락되지 않았기 때문이다.

대부업은 더러운 일이니 '사악한 유대인'에게 적합하다고 여겨졌다. 훗날 대부업으로 유대인들이 부유해진 것을 생각하면 기독교의 자업자득이라 하겠다.

어쨌든 많은 제후들이 유대인에게 돈을 빌렸는데, 십자군원정은 이를 없던 일로 할 수 있는 절호의 기회였다.

'십자'는 서구의 지도에도 등장한다. 1490년 무렵 포르투갈이 만든 아프리카 연안 지도에는 십자가가 여기저기 흩어져 있다. 상륙 지점에 국기를 꽂은 듯한 모양을 보면 침략의 표시나 다름없었다.

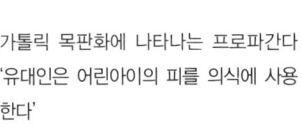

가톨릭 목판화에 나타나는 프로파간다
'유대인은 어린아이의 피를 의식에 사용한다'

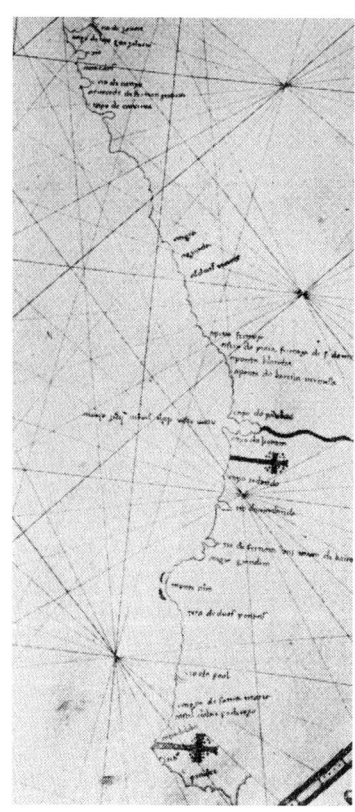
연안에 십자가 모양으로 상륙 지점을 표시한 포르투갈 지도, 1490년경

1574년 예수회 선교사로 세례를 받은 나가사키의 가톨릭 다이묘[9] 오무라 스미타다大村純忠는 영지의 백성들에게 대대적으로 사찰을 파괴하라고 명했다. 백성들은 신부의 설교, 아니, 선동에 고무되어 십자가를 들고 절을 파괴했다. 이때의 십자는 '파괴의 상징'이었다.

하지만 1587년 도요토미 히데요시豊臣秀吉가 '바테렌 추방령'을 내려 신부들을 쫓아내고, 훗날 도쿠가와 막부가 기독교 금교령을 내리면서 십자는 '죽음의 상징'이 된다.

구원의 '십자'

사악함에 물든 듯했던 '십자'는 19세기 중반, 평화라는 옷으로 갈아

---

[9] 다이묘大名는 일본 중세와 근세 시대에 연 1만 석 이상의 쌀을 생산할 수 있는 넓은 영토를 가진 봉건 영주를 가리킨다.(옮긴이 주)

입는다. 적십자의 상징 '흰 바탕에 붉은 십자'이다.

나이팅게일은 1853년 시작된 크림전쟁에 간호사로 종군하며 전쟁에서 입은 부상보다 감염으로 사망하는 병사가 더 많다는 사실에 충격을 받고, 병원 환경을 청결하게 개선하는 등 의료 개혁의 길을 열었다.

같은 시기인 1859년 스위스 은행가 장 앙리 뒤낭Jean-Henri Dunant은 사업 지원을 요청하려고 나폴레옹 3세를 찾아가다가, 이탈리아 통일전쟁이 펼쳐지던 솔페리노전투에서 전쟁 사상자들의 비참한 상태를 목격하고 충격을 받는다. 아군과 적군 구분 없이 구호활동을 할 단체가 필요함을 통감한 것이다. 나이팅게일의 활약은 그의 생각을 뒷받침했고, 마침내 1863년 국제부상자구호위원회를 조직하게 되었다. 이 단체는 제네바협약 등을 체결하며 현재의 국제적십자위원회로 이어진다.

국제적십자위원회는 단체를 처음으로 제안한 뒤낭의 고국 스위스에 경의를 표하며, 스위스 국기를 반전시킨 흰 바탕에 붉은 십자를 사용하기로 한다.

다만, 이슬람교 문화권에서 '십자'는 기독교의 상징이고 십자군을 연상시키기 때문에 1876년 오스만 투르크가 국기에 넣은 적신월赤新月, Red Crescent, 즉 붉은색 초승달 문양을 적십자 대신 사용하기 시작했고, 1929년 제네바협약에서 승인받았다. 이후에 종교색을 지우려고 십자도 초승달도 아닌 마름모꼴의 적수정赤水晶, Red Crystal

위: 뒤낭이 목격한 솔페리노전투, 1859
아래: 국제적십자위원회 참여를 호소하는 포스터

도 승인받았지만, 널리 보급되지는 못했다.

일본에서는 훗날 일본적십자사의 초대 사장이 되는 사노 쓰네타미佐野常民가 1867년 제2회 파리 만국박람회에서 처음 적십자의 존재를 알게 되었다. 10년 뒤 세이난전쟁[10]이 발발하자, 일본 적십자사의 전신인 하쿠아이샤博愛社를 설립해 구호활동을 펼쳤다.

개국으로 일본에도 종교의 자유가 생겼지만, 기독교에 대한 저항감은 아직 남아 있었다. 하쿠아이샤의 깃발은 국제적십자위원회의 십자가 아니라 '●' 아래에 '━'를 넣은 형태였다. 세이난전쟁 당시 정부군의 깃발은 욱일기, 반란 세력인 사쓰마군의 깃발은 '○'에 십자를 더한 형태였으므로 양측의 입장을 고려한 디자인이었던 것 같다.

---

10 西南戰爭. 1877년 메이지 신정부의 근대화 정책에 반발한 일본 서남부 규슈의 사족들이 사이고 다카모리西鄕隆盛를 앞세워 일으킨 반란. 일본 역사상 본토에서 일어난 마지막 내전으로, 반란 세력이 정부군에 제압당하면서 사무라이 계급은 완전히 몰락한다.(옮긴이 주)

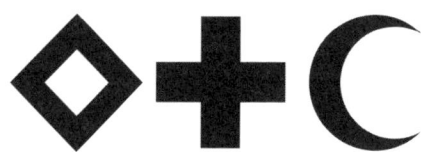
왼쪽부터 적수정, 적십자, 적신월

사쓰마군 깃발

메이지 정부군의 욱일기

하쿠아이샤의 깃발 (가토 아이코加藤愛子 그림)

세이난전쟁 당시에 활약했던 하쿠아이샤

세이난전쟁 후인 1887년 하쿠아이샤는 일본 적십자로 개칭하고, 국제적십자위원회의 승인을 얻어 적십자의 일원이 되었다. 상징도 붉은 십자를 그대로 사용했다. 비종교인이 많은 일본에서는 적십자를 종교적 색채가 전혀 없는 기호로 인식하는데, 이는 세계적으로도 드문 경우일 것이다.

성경으로 전쟁을 '성전화'하다

2001년 9월 11일 이슬람 극단주의 집단 알카에다가 미국에 동시다발적인 테러를 감행했다. 미국 내에서 테러범에게 보복해야 한다는 목소리가 불같이 일어나자, 부시 대통령은 탈레반이 알카에다를 숨겨주고 있다며 탈레반이 통치하는 아프가니스탄을 침략하기로 결정한다. 부시는 이를 성전聖戰, 십자군운동에 비유하며 그만 본심을 드러내고 말았다. 종교전쟁이다. 이렇게 미국은 약 20년(2001~2021)에 걸친, 미국 역사상 가장 긴 전쟁을 시작했다.

2003년에는 이라크와 알카에다의 관계도 의심하기 시작했다. 뒤에서 다시 다루겠지만, 알카에다가 중심에 있는 '악의 축'이라는 논리다.

그리고 미국은 대량살상무기를 보유하고 있다는 이유로 이라크 침략을 시작했다(2003~2011). 이는 나중에 허위로 밝혀진다. 사실은 석유 이권의 안정화, 군산복합체를 위한 군수물자 소비(낭비), 기축통화로서 달러의 안정화 등 여러 불순한 동기가 얽힌 침략이었다.

이라크전쟁 말기인 2010년 초, '미군이 성경을 총기에'라는 기사가 〈아사히신문〉에 게재되었다. 미군이 이라크 및 아프가니스탄에서 사용하는 총의 조준기에 성경 장절章節의 숫자가 표기되어 있다는 보도였다. 기독교 포교를 위한 종교전쟁으로 오인될 우려가 있다고 군대 내 신앙의 자유를 지키려는 단체들이 비판하면서 세상에 알려졌다.

보도에 따르면 미국 미시간주의 총기 부품 회사 트리지콘사가 제조한 조준경에 모델 번호가 'JN8:12'로 각인되어 있었다고 한다. 트리지콘사는 미국 해병대 및 육군에 조준경을 대량 납품하는 기업이다.

문자와 숫자를 '요한복음 8장 12절'이라고 읽도록 모델 번호를 만들었다는 말이다. '요한'은 '요하네스Johannes', 영어로는 '존John', 줄여서 'JN'이다.

'요한복음 8장 12절'은 "다시 예수께서 그들에게 말씀하여 이르시되, 나는 세상의 빛이니 나를 따르는 자는 어둠에 다니지 아니하고 생명의 빛을 얻으리라"라는 구절이다.

살인을 위한 장치에 성경 구절은 어울리지 않는다. 저격수의 목숨을 신이 지켜주니 마음껏 살인에 집중하라는 것일까. 무자비하기 이를 데 없는 전쟁의 성전화聖戰化다. 트리지콘사의 창업자가 독실한 기독교도인 듯한데, 아마 그리 깊이 생각하지 않고 각인하게 했을 것이다. 총의 조준경과 성경을 연결시키는 게 아무래도 거북하지 않느냐고 말을 꺼내는 직원이 없었다는 점에서는 불행한 회사다.

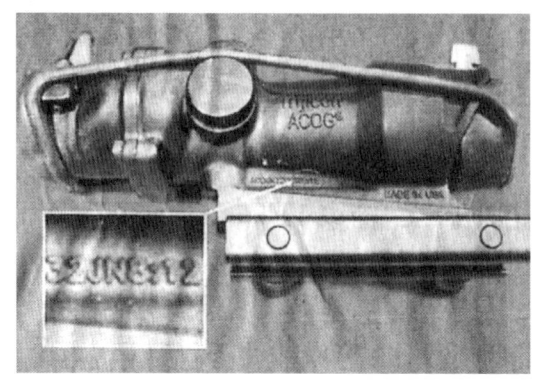

미군 조준경에 새겨진 '요한복음' 장절

'아이들에게'

푸틴 전쟁에서 우크라이나 동부 도네츠크주의 크라마토르스크 주민들이 대피한 역에 러시아군이 무자비한 미사일 공습을 감행해 많은 사상자를 냈다는 보도가 있었다. 이때 떨어진 미사일 파편에는 '아이들에게'라는 잔혹한 말이 쓰여 있었다. 아이들에게 주는 (죽음의) 선물이라는 의미다.

나가사키에 투하되었던 원자폭탄 '팻 맨Fat man'은 꼬리날개에 개발자들의 서명을 새겨 B29 폭격기에 탑재되었다.

원자폭탄 투하는 주도면밀하게 준비되었다. 우선, 커다란 원자폭탄을 실을 수 있도록 B29를 개량했다. 아직 체험해보지 못한 핵폭발을 기체가 얼마나 견딜 수 있을지 미지수였기 때문에, '팻 맨'과 형태와 무게가 똑같은 모의 폭탄 '호박 폭탄Pumpkin Bomb'을 만들어 B29에 싣고 일본 본토 투하 훈련을 실시했다.

모의 폭탄이라지만 콘크리트와 시멘트만 채운 것도 있었고 4.5톤의 화약을 채운 것도 있었다. 화약 4.5톤이면 당시로서는 가장 크다. 400여 발 분량이면 도쿄 대공습 때에 투하된 폭탄의 총량과 맞먹는다.

모의 폭탄용으로 개조된 B29 폭격기 '스트레이트 플러시Straight Flush'는 일왕이 거주하는 고쿄皇居에 모의 폭탄을 떨어뜨리려다 시야가 좋지 않아 도쿄역 야에스구치 부근에 떨어뜨리고 말았다. 이

'스트레이트 플러시'의 노즈 아트[11]는 미군이 사람(아마도 일본군)을 서양식 변기에 처넣는 조잡하고 야비한 그림이었다. 전쟁에 지성을 구해봐야 소용이 없다.

우크라이나 동부에서 러시아군과 대치하던 아조우 연대도 야비

---

11 Nose Art. 2차세계대전 당시 미군이 적에게 위압감을 주려고 전투기에 야수나 맹수를 그려넣으며 시작된 하나의 예술 분야. 수송기, 초계기, 전차, 어뢰정 등에 그리기도 한다.(옮긴이 주)

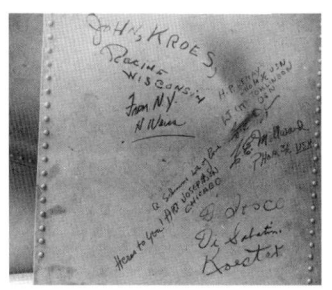

왼쪽: 원자폭탄 '팻 맨'의 꼬리날개에 새겨진 개발자들의 서명
아래: 러시아는 우크라이나 동부 크라마토르스크의 철도역을 단거리탄도미사일로 공격했는데, 그 파편에 러시아어로 '아이들에게'라고 쓰여 있었다.

한 혐오 동영상 등을 만들어 문제를 일으켰다는 뉴스가 있었다.

원래 의용군으로 시작된 아조우 연대는 푸틴 대통령이 '네오 나치'라고 불렀던 우크라이나 민족주의 극우 조직이다. 나치가 사용했던 상징과 비슷한 디자인을 깃발과 군복에 사용해서 푸틴 대통령에게 '네오 나치'라 불리고 있다. 2014년 러시아의 크림반도 합병 이후 돈바스전쟁[12]에서 우크라이나 국민위병에 소속되어 활약했다

---

12 2014년 4월 우크라이나 동부의 루한스크주와 도네츠크주 일대에서 친러 성향의 반군 및 러시아군과 우크라이나군이 충돌하며 일어난 전쟁. 발발 당시에 격화되었다가 교착 상태에 빠져 있

위: 모의 폭탄인 '호박 폭탄'. '호박 폭탄'은 1945년 7월 20일부터 8월 14일까지 총 49발 투하되었다.
아래: B29 '스트레이트 플러시'의 노즈 아트(가네마루 미나미 그림)

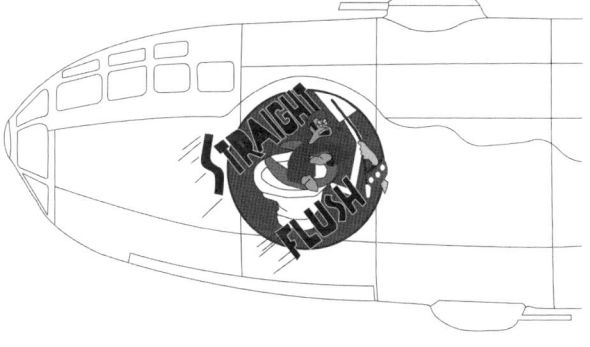

는 점 때문에 푸틴 대통령이 비난을 쏟아냈다.

아조우 연대는 이슬람교도인 체첸인들이 러시아군으로 참전하자, 복면 차림의 병사가 탄환을 돼지기름에 푹 찌른 뒤 탄창에 넣는 동영상을 국민위병 공식 트위터에 올렸다. 돼지고기를 종교적 금기로 삼는 이슬람교도 체첸군을 향해 보란 듯이 만든 혐오 동영상인데, 너무 지나치다는 이유로 접속이 제한되었다. '푸틴 전쟁'에도 역시나 종교전쟁의 그림자가 어른거린다.

이것이 바로 '전쟁'의 실태이다. 적에게 우위를 점하려면 체면만 차려서는 안 된다. 우크라이나의 젤렌스키 대통령이 미국 의회를 방문해 군사 지원을 요청하는 연설을 할 때, 9·11 테러와 진주만 공습을 예로 들며 지금 우크라이나가 똑같은 일을 당하고 있다고 호소했던 것도 미국인들의 마음을 움직이기 위해서였다. 일본의 이런저런 지원보다도 미국의 군사 지원이 훨씬 중요하기 때문에 일본의 반응에 신경쓸 겨를이 없었던 것이다.

아조우 연대의 상징

푸틴 대통령이 침략의 구실로 삼았듯이, 우크라이나에는 분명히

었으나, 2022년 러시아가 우크라이나를 본격적으로 침공하면서 전면전으로 확대되었다.(옮긴이 주)

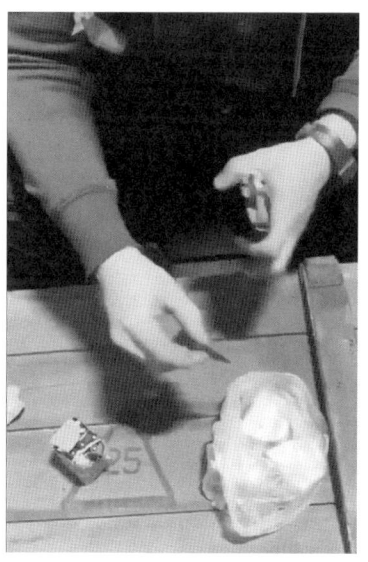

러시아군 중 체첸 출신의 이슬람교도 병사들을 겨냥해, 우크라이나 국민위병대 공식 트위터에 게시된 동영상. 아조우 연대의 병사가 돼지기름에 총탄을 찔러 넣는 장면. 왼손에는 탄창, 오른손에는 총탄이 보인다. 왼쪽 아래에는 총탄 상자, 오른쪽 아래에 돼지기름이 있다.

'네오 나치'라고 불리는 민족주의 집단이 있다. 다만, 올리버 스톤이 제작 총지휘를 맡은 다큐멘터리 〈우크라이나 온 파이어Ukraine on Fire〉(이고르 로파토노크 감독, 2016)에 그려진 것처럼 우크라이나를 좌지우지하는 세력이 네오 나치라는 식의 평가는 러시아의 프로파간다에 치우친 주장이다.

2014년 우크라이나의 친러시아파 정권을 실각시킨 마이단혁명[13]

---

[13] 당시의 우크라이나 대통령 빅토르 야누코비치가 유럽연합 가입 논의를 중단하고 친러 정책을 내세우자, 키이우의 마이단 광장 등에서 대대적인 반대 시위가 시작된다. 정부가 시위대를 향해 실탄을 발포하는 등 유혈 사태로 번지면서 독재정권을 축출하라는 민중의 목소리는 점점 더 높아졌고, 결국 야누코비치 및 정권의 핵심 세력이 러시아로 도망침으로써 혁명에 성공한다. 그러나 이후 러시아가 우크라이나에 직접 개입하기로 결정하면서 돈바스전쟁 및 우크라이나 전면 침공으로 이

에서 민족주의 집단과 CIA가 암약했다고 알려져 있는데, 그렇다고 해도 우크라이나가 민족주의 조직에만 편승한 것은 아니었다. 애초에 민족주의 집단이 생겨난 원인도 러시아의 권위주의에 저항하며 조국애가 높아졌기 때문이었다. 올리버 스톤 감독은 푸틴과 장시간 인터뷰를 하는 동안 그의 개성에 매혹되어, 즉 세뇌를 당해 헛발질을 한 게 아닌가 싶다. 전직 스파이였던 푸틴 같은 자들은 세 치 혀로 사람을 현혹시키는 데 뛰어나다.

항간에서 떠들듯 아조우 연대가 나치의 상징과 비슷한 디자인을 사용하고 민족주의(반유대주의도 포함해서) 경향이 있다고 하더라도 네오 나치(이하 '네오 나치'라 할 경우, 나치즘을 신봉하는 반유대주의 조직이라고 정의한다)라 칭해도 되는지 의문이 남는다. 현재의 아조우 연대에는 유대인과 아시아인도 소속되어 있으니, 이제는 '극우'라기보다 '반러시아'로 결속한 조직이라 해도 될 것이다.[14] 게다가 그것이 남의 나라를 침략해 민간인과 군인들을 죽이고 국가의 기반을 1,039억 달러(키이우 소재의 대학에서 추산, 2022년 6월 8일 기준)나 파괴할 이유가 되지는 못한다.

아조우 연대에 나치 이미지가 생긴 이유 중 하나는 부대 깃발에

어지고 말았다.(옮긴이 주)

14 다만, 결성 초기에는 차별주의자들 중심의 무뢰배 집단이라는 인상이 강했다고도 한다. 유럽의 차별주의는 백인지상주의라기보다 기본적으로 반유대주의에 가깝다.(글쓴이 주)

새겨진 상징이었다. 나치가 '볼프스앙겔wolfsangel'(늑대 갈고리)이라고 불렀던, 'N'과 'I'를 조합한 기호를 좌우로 뒤집은 디자인과 닮았다(심지어 배경에는 뒤에 이야기할 '슈바르체 존네'가 흰 선으로 들어가 있다).

배후에 어떤 의도가 있었는지는 알 수 없으나, 이 상징은 '볼프스앙겔'과 관계가 없다. 우크라이나어로 '국민(국가)의 이상Ідея Нації, Ideya Natsii'의 앞 글자인 I와 N을 가지고 디자인했을 뿐이다. 알파벳을 사용한 이유는, 러시아군의 'Z'를 설명할 때 이야기했듯이 세계의 시선을 끌기 위해서이다.

마이단혁명 이후, '네오 나치'라는 비판이 계속되어서인지는 모르겠으나 약 1년 반 동안 사용했던 부대 깃발의 디자인을 바꾸어 문양을 45도 기울였다. 되도록 '볼프스앙겔'로 보이지 않게 하려는 의도인 걸까.

아조우 연대가 완장으로 착용할 때는 노란 바탕에 이 문양을 넣

왼쪽: 마이단혁명이 있던 해(2014)의 여름부터 다음해까지 사용되었던 아조우 연대의 휘장
오른쪽: 새로운 아조우 연대 깃발

는다. 노란색은 물론 우크라이나의 색이다.

나치의 '볼프스앙겔'

기독교 이전의 시대, 포획용 갈고리의 모양을 늑대 퇴치의 상징으로 삼으면서 '볼프스앙겔'의 역사가 시작되었다. 15세기에는 자유와 독립을 갈구하는 농민들의 상징이었던 것으로 보인다(로빈 럼스덴Robin Lumsden, 『나치 친위대 SS 군장 핸드북SS Regalia』, 1995).
　나치 무장친위대에서는 '볼프스앙겔'을 기울이거나 눕히는 등 수정을 가하며 여러 형태로 사용했다.
　원래 경찰 조직이었다가 병단이 된 제4SS 경찰장갑척탄병사단의 상징은 '볼프스앙겔'을 좌우 반전시켜 90도로 기울인 형태였다. 앞서 언급했듯이 아조우 연대의 상징을 눕힌 모양과 비슷하고, 러시아군의 'Z'처럼 보이기도 한다. 아조우 연대가 푸틴 대통령의 말처럼 네오 나치라고 하면, 러시아군은 침략만이 아닌 학살에 물들며 점점 나치화되고 있으니, 아이러니하게도 네오 나치끼리 자중지란에 빠진 꼴이 된다.
　장갑척탄병사단 '펠트헤른할레Panzer-Grenadier-Division Feldherrnhalle'의 상징도 '볼프스앙겔'을 90도 기울인 형태였다. 대부분

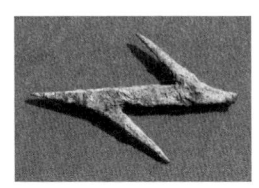
8세기경의 늑대 갈고리

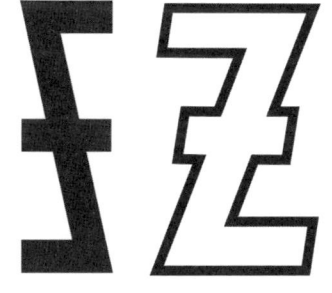

네덜란드 국가사회주의운동의 상징. '국가사회주의'라는 당명도 나치를 모방한 것이었다.

왼쪽: 장갑척탄병사단 펠트헤른할레의 상징
오른쪽: 제4SS 경찰장갑척탄병사단의 상징

전 돌격대원으로 구성되어 있었다.

1931년부터 2차세계대전 종전까지, 독일 점령하의 네덜란드에서 유일한 정당이었던 네덜란드 국가사회주의운동NSB도 같은 디자인을 사용했다. 전쟁 뒤에 당원 대부분이 체포되었지만, 유죄 판결을 받은 이는 창립자 등 몇 명에 불과했다.

가장 흉악한 '볼프스앙겔'

마지막으로 가장 흉악한 두 조직을 이야기해보자. 하나는 제2SS 장갑사단 '다스 라이히Das Reich'다. 아조우 연대의 상징을 좌우 반전시킨 형태와 무척 비슷한 표식을 사용했다. '다스 라이히'는 룬문자로 '늑대인간'을 의미하는데, 프랑스 등지의 민간인 학살에 관여하는 등 '베어볼프Werwolf'와 쌍벽을 이루는 잔혹함으로 유명하다.

제2SS 장갑사단 다스 라이히의 표식

'늑대인간 부대'라고 불린 '베어볼프'는 '볼프스앙겔'을 내건 나치 조직 중에서도 가장 흉포한 집단이었다.

늑대인간 부대는 전방이 아닌 적진의 후방을 교란하거나 게릴라에 대처하는 역할을 하는 특수(학살)부대였다. 더 자세히 설명하자면, 아군과 자국민 안에서 일어나는 태업 및

위: 베어볼프의 표식
아래: 베어볼프가 독일 오버바이에른 주민들에게 뿌린 경고 전단. 위아래에 부대의 표식이 들어가 있다.

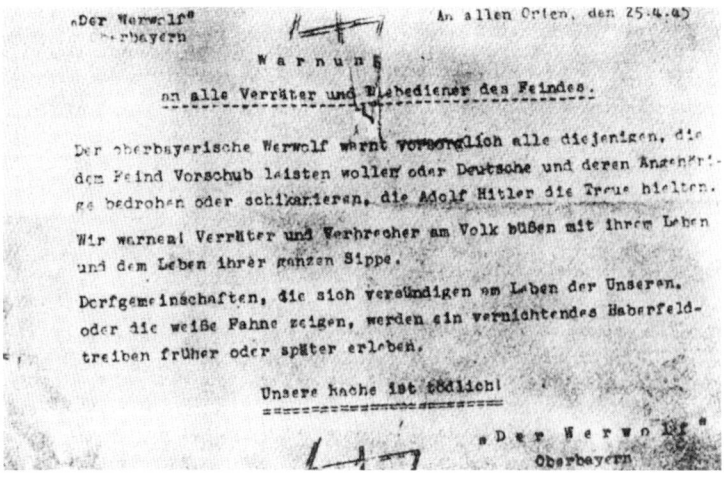

반전 활동을 저지하고, 죽을 때까지 싸우라는 명령에 따르지 않는 자들을 처형하는 살인 부대다.

늑대인간 부대가 주민들에게 뿌린 경고 전단지에는 볼프스앙겔 인장과 함께 '백기를 걸지 마라, 우리의 보복은 죽음이다'라고 쓰여 있다. 항복하지 않고 싸울 것인가, 전투를 거부하고 죽임을 당할 것인가. 사망통지서에도 사망 날짜와 함께 이 인장이 찍혀 있었다. 그야말로 볼프스앙겔은 '죽음'의 상징이었다.

푸틴 전쟁에 투입되었던 민간 군사기업 '바그너'의 일부에도 베어볼프에 버금가는, 네오 나치로 칭해질 만큼 과격하고 잔혹한 집단이 있다. 역시나 푸틴 전쟁은 네오 나치를 데리고 우크라이나의 네오 나치를 '비나치화'한다는, 커다란 모순으로 가득한 침략이다.

사실 원래는 갈고리십자도 행운의 상징이었고, 나치친위대의 해골 표식은 죽을 때까지 충성을 바친다는 의미였다. 최종적으로는 사악한 상징으로 전락하고 말았지만, 원래는 자유와 독립을 염원한다는 의미였기 때문에 조직의 표식이 된 것이리라.

네덜란드 의용군 부대인 제34SS 의용척탄병사단도 베어볼프와 같은 상징을 사용했다. 다스 라이히나 베어볼프만큼은 아니지만, 이 사단도 학살에 관여했다.

네오 나치에 관한 한 가지 수수께끼가 있다. 나치는 유대인과 함께 슬라브인도 차별했다. 나치 치하의 선전 선동을 주도했던 파울 요제프 괴벨스Paul Joseph Goebbels는 소련군(슬라브인)을 '짐승 같은 오합지죨'(마르셀 루비Marcel Ruby, 『강제수용의 기록Le livre de la déportation』, 1995)이라며 멸시했다고 한다.

'헤이그 육상전 조약'[15]에서는 포로에게 과도한 노동을 시키는 것을 금지하지만, 슬라브인 소련 병사는 이 조약에 해당되지 않는다고 자의적으로 판단해 중노동을 시켰다(이탈리아 병사도 패배한 배신자라며 차별했다). 그 결과로 처형당하거나 아사한 소련군 포로의 수가 300만 명(소련군 포로의 반 이상)이라고 한다.

포로수용소에서도 소련군이 냄비를 휘젓는 데 사용한 숟가락은 다른 어느 냄비에도 사용하지 못하게 했다(린 니콜라스Lynn H. Nicholas, 『나치즘에 사로잡힌 아이들Cruel World: The Children of Europe in the Nazi Web』, 2006). 그 정도로 나치에게 차별을 받았으면서 왜 나치 성향을 드러내고 네오 나치라는 말을 마음대로 쓰는 걸까. 네오 나치 유대인이라는 말이 어처구니없는 것과 마찬가지로, 네오 나치 슬라브인이라

---

15 1899년 네덜란드 헤이그에서 열린 만국평화회의(헤이그 회담)에서 '육상전 법규와 관례에 대한 조약'이 채택되며 교전자의 정의와 선전포고, 전투원과 비전투원의 정의, 포로 및 부상병의 취급, 사용해서는 안 되는 전술, 항복 및 휴전 등에 관한 사항이 최초로 규정되었다.(옮긴이 주)

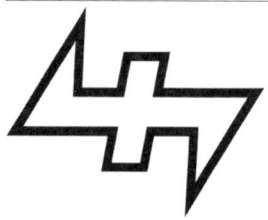

제34SS 의용척탄병사단의 상징

는 말은 기분 나쁜 농담으로밖에 들리지 않는다.

아조우 연대의 '슈바르체 존네'

아조우 연대가 사용하는 또다른 상징으로 '슈바르체 존네Schwarze Sonne'(검은 태양)가 있다. 앞서 언급했던 아조우 연대 휘장의 배경 그림이다.

오컬트에 심취했던 나치 SS의 수장 하인리히 힘러Heinrich Himmler는 오컬트 실천의 장을 마련했다. 독일 중서부 베벨스부르크Wewelsburg성을 거의 공짜나 다름없는 금액으로 빌려, 강제수용소 수용자들의 노예노동으로 개보수해서 친위대원을 위한 성스러운 공간으로 삼았던 것이다. 친위대 간부들은 이 성에서 적의 학살과 자신의 죽음도 마다하지 않겠다는, 성전聖戰에 대한 맹세를 해야 했다.

선언식은 '친위대장의 방'이라는 원형 공간에서 거행되었다. 바닥 한가운데에는 거대한 '슈바르체 존네'가 그려져 있었다.

'슈바르체 존네'는 크고 작은 두 개의 원 안에 갈고리십자 세 개를 30도씩 회전시킨 그림으로, 갈고리의 한쪽 끝은 전체의 중심에, 다른 쪽 끝은 바깥 원에 닿는다. 말하자면 회전하는 하켄크로이츠의 잔상을 그대로 정착시킨 형태이다. 원래 하켄크로이츠에는 회전의 이미지가 있다. 회전으로 생겨나는 '아찔함'을 그대로 형태화한,

슈바르체 존네(왼쪽)와 '친위대장의 방' 바닥에 그려져 있는
슈바르체 존네(위)

즉 하켄크로이츠의 본질을 그대로 도상화한 디자인이라 하겠다.

어쨌든 이렇게까지 나치 이미지가 겹쳐지면 아조우 연대는 네오 나치라는 풍문이 떠돌아도 어쩔 수 없을 것이다. 다만, 푸틴 대통령이 전쟁의 구실로 삼기에는 근거가 약하다. 아조우 연대는 분명히 친러시아파 및 러시아군에게 강력한 적이고, 우크라이나에게는 영웅이다. 올리버 스톤 감독이 부채질한 네오 나치의 위협이 푸틴 전쟁 이후의 우크라이나 정권을 흔들 정도라고 생각되지는 않는다. 게다가 푸틴 전쟁으로 분투해온 아조우 연대는 사상자가 꽤 많아 괴멸 위기에 있다.

여담이지만, '슈바르체 존네' 디자인의 연장선에 맨홀 뚜껑 디자인이 있는 것 같다.

'14/88'이라는 암호?

르포 작가 세이 요시아키淸義明에 따르면, 우크라이나의 네오 나치, 백인지상주의자들 사이에 잘 알려진 숫자가 있다고 한다(「우크라이나에는 네오 나치라는 이미지가 있다ウクライナにはネオナチという象がいる」, 〈웹 론자WEB RONZA〉). 예전에 박해받던 기독교도들이 신도 사이에

맨홀 뚜껑

서 통하는 암호를 정했듯 그들도 문신 등으로 이를 드러내는데, '하일 히틀러Heil Hitler'(히틀러 만세)로 통하는 숫자 '14/88'이다. 이 암호가 실제로 존재한다면, 암호라는 것이 원래 그렇듯이, 추종자 이외에는 아무도 의미를 알지 못할 것이다. 그중에는 '14/88'을 문신으로 몸에 새긴 남자들이나 '14/88'에서 14를 따온 'C14'라는 집단도 있다고 한다. '14'는 'We must secure the existence of our people and a future for white children(우리는 백인으로서 우리 존재와 아이들의 미래를 지켜야 한다)'의 열네 단어를 뜻한다. '88'은 'H'가 알파벳 8번째이므로 'HH=Heil Hitler'가 된다.

유대신비주의 '카발라'는 문자를 다양하게 분해해서 신비로운 의미를 찾아내는 방식을 고안해냈다. 이 숫자에 담긴 의미도 카발라의 방식과 유사하다.

다만, 이 암호는 영어로 되어 있다('HH'는 독일어이긴 하지만). 영어권에서나 통용될 암호다. 14에 해당되는 문장을 키릴어로 생각해보면 '14'와 아무런 연관도 없다(구글 번역기에 넣어보면 러시아어와 우크라이나어 모두 11 단어, 독일어로는 13 단어이다). 영어권이 아닌 우크라이나의 네오 나치가 문신으로 새겼다는 점에서 의문이 남는다. 자민족(백인) 우월주의자들이니 'HH=88'의 독일어는 그렇다 쳐도, 영어가 아닌 우크라이나어(러시아어)를 사용해 '11/88'이라는 숫자를 썼더라면 좋았을 것이다(쓸데없는 참견이지만).

히틀러의 '하켄크로이츠'

네오 나치 집단이 가장 중요하게 여기는 상징은 나치의 하켄크로이츠일 것이다.

하켄크로이츠는 아시아의 불교 사원에서도 사용되는 '만卍'자를 좌우로 뒤집은 기호다. 유럽에서도 오래전부터 행운의 인장으로 사용해왔다. 19세기 말부터 히틀러가 대두하던 20세기 전반까지는 민족주의 집단 내에서 신비로운 행운의 증표로 인기가 있었다.

나치의 하켄크로이츠는 디자인 총감독인 히틀러의 이미지에 따를 것을 전제로 나치 당원 사이에서 공모해 선정된 안을 실제로 히틀러가 수정해서 완성한 것이다.

초기안은 훗날 '조넨라트Sonnenrad'(태양륜)라고 불린, 하켄크로이츠의 갈고리 부분이 원을 이루듯 둥글게 구부러진 형태였다. 1936년 베를린 올림픽 주경기장 정면에 세워진 열주와 북유럽 친위대원에게 수여되던 '도이치 룬 우수상(친위대 스포츠상)' 메달 등에 사용되었다.

나치의 하켄크로이츠가 디자인 측면에서 이뤄낸 최대 공로는, 하켄크로이츠를 45도 기울여 붉은 바탕 가운데의 흰 원 속에 검은색으로 배치한 방식이다. 기울임으로써 회전이 일어난다. 하켄크로이츠를 기울이지 않고 그대로 넣었다면 바탕 무늬 같아서 움직임을 느끼지 못했을 텐데, 기울임으로써 회전하는 역동적인 느낌과 함께

위: 베르너 마르히가 설계한 베를린 올림픽 주경기장. 입구 오른쪽 기둥에 조넨라트가 새겨져 있다.
아래 왼쪽: 도이치 룬 우수상
아래 오른쪽: 코펜하겐의 게르만 SS지부였던 샬부르크 본부 깃발. 북유럽 의용군의 옷깃 휘장에도 사용되었다.

'아찔한' 효과도 얻게 되었다.

나치즘에서 '아찔함'은 필수불가결하다. 빈틈없이 늘어뜨린 붉은 깃발, 군대가 행진할 때 무릎을 굽히지 않고 기계적으로 다리를 높이 들어올리는 제식 '슈테히슈리트Stechschritt'('거위걸음'이라고도 한다), 영화 〈스타워즈〉(조지 루카스 감독, 1977)처럼 공간을 가득 메운 로봇 같은 병사들, 흥분에 찬 히틀러의 연설, 군중들이 일제히 함께 하는 나치식 경례와 '하일 히틀러!'를 연호하는 목소리, 히틀러의 건축가 알베르트 슈페어가 설계한 뉘른베르크 나치당대회 행사장의 긴 열주, 역시나 슈페어가 연출한 당대회의 마지막 순서(베를린 올림픽 폐회식에서도 유사한 연출이 있었다)로서 130여 개의 탐조등을 밤하늘에 비추어 완성한 '빛의 대성당', 그리고 매스게임 등 아찔함 속에서 사고마저 정지시키는 갖가지 장치와 볼거리가 폭풍처럼 휘몰아친다. 45도로 기울어진 하켄크로이츠는 이 모든 것을 압축한 상징과도 같다.

단순히 붉은 바탕에 하켄크로이츠를 놓았다면 일본 신사를 볼 때의 느낌처럼 상징성은 약했을 것이다. 원 속에 집어넣음으로써, 단

 나치가 국민들의 여가까지 통제하려고 만든 복리후생조직 'KdF'의 상징. 회전하는 하켄크로이츠를 형태화했다.

 붉은 바탕 가운데 흰 원 속에 배치된 하켄크로이츠

베를린 올림픽 개회식에서 빽빽하게 늘어선 나치 깃발 사이로 달려 들어오는 성화 봉송자, 1936

체코슬로바키아의 프라하에 입성하는 나치 독일군, 1939

위: 1936년 9월 제8회 나치당대회에 참가한 병사들. 행사장 중앙에 하켄크로이츠 깃발이 상징적으로 세워져 있다.
아래 왼쪽: 영화 〈의지의 승리〉(레니 리펜슈탈 감독, 1935) 중에서. 제6회 나치당대회에서 다같이 '하일 히틀러'를 외치며 경례하는 인파
아래 오른쪽: 수상 취임 후 첫 연설을 하며 손가락질을 하는 히틀러. 1933. 2. 10.

위: 슈페어가 설계한 144개의 기둥이 늘어선 체펠린 광장, 1934~1936. 지금은 남아 있지 않다.
아래: 1937년 제9회 나치당대회의 대미를 장식한 '빛의 대성당'

순했던 기호가 문장紋章처럼 독립적인 '브랜드'가 되어 상징성이 높아졌다.[16]

검은색·흰색·붉은색의 배색은 1871년 독일을 통일했던 제2제국 국기(가로 삼색기)의 색이다. 나치 정권은 제2제국을 잇는다는 의미로 제3제국을 표방했다.

하켄크로이츠는 나치가 정권을 손에 넣기 전부터 깃발과 완장에 사용되었다. 정권을 얻은 다음부터는 깃발과 배지, 종국에는 문구류 같은 소품에까지 등장해 독일 전역을 휩쓸었다. 반反나치 세력은 나치를 비난하기 위해 하켄크로이츠를 사용했으나, 이는 도리어 하켄크로이츠의 힘을 재인식하는 결과를 낳았다.

당초 나치는 단순한 극우 폭력 집단이었지만, '히틀러는 독일을 구원할 구세주'라는 집요한 프로파간다를 퍼뜨려서 독일 국민들 및 인근 지역 독일계 사람들이 하켄크로이츠를 행운과 해방의 상징으로 착각하게 만들었다.

그런데 정권을 손에 넣자 본색을 드러냈다. 수많은 규율과 감시 등을 통해 국민들을 순종하게 만드는 데 몰두했다. 게다가 하켄크로이츠 깃발을 휘날리며 자국은 물론이고 주변 국가들까지도 극도

---

16 일본에서 하켄크로이츠와 완전히 똑같은 디자인의 문장은 '고쿠모치지누키스미타테이쓰쓰와리미기만지石持地抜き隅立五つ割り右卍'라고 한다.(글쓴이 주) '고쿠모치지石持地'는 바탕색(일반적으로 검은색), '누키抜き'는 '뺌, 제외함'을 뜻하므로 바탕색 위에 하얗게 기호를 넣고, '스미타테隅立'는 모서리를 세운다는 뜻이므로 각도를 기울이고, '이쓰쓰와리五つ割り'는 선의 굵기를 정사각형 한 변의 5등분으로 하고, '미기右'는 오른쪽으로(좌우로) 반전시킨다는 의미이다.(옮긴이 주)

1930년 독일 총선거 당시의 공산당 포스터. 급격히 성장한 나치당에 대항하며 하켄크로이츠의 회전을 멈추려 하고 있다.

의 잔학함 속에 몰아넣었다. 하켄크로이츠는 이렇게 악의 상징, 악을 나타내는 픽토그램pictogram이 되었다.

'크로이츠' 숨기기

전후 서구에서는 유럽을 초토화시킨 악몽이자 악마의 상징인 '하켄크로이츠' 호칭과 표식의 사용 자체를 금지했다. 악의 상징 따위 두 번 다시 보지 않도록, 이 상징을 성스럽게 여기는 조직이나 사람이

다시는 나타나지 않도록.

그런데 나치즘 경험자들이 나치를 사멸시키자 나치즘 미경험자들의 네오 나치가 고개를 든다. 홀로코스트를 포함한 나치 관련 영화나 나치를 연상시키는 악의 집단이 등장하는 드라마가 만들어지는 한, 나치의 악행에 대한 기억은 변형되면서 지속될 것이다.

실제로 IS나 탈레반, 푸틴 전쟁에서 러시아군이 보인 잔혹함이 바로 나치였다. 우크라이나의 러시아 지배 지역에는 '선별 센터'가 설치되었다고 한다. 주민들이 '친러시아'인지 '반러시아'인지 추궁당하다가 '반러시아'로 밝혀지면 어떤 운명이 기다리고 있을지 모른다. 유대인인지 아닌지, 일할 수 있는지 아닌지를 선별했던 나치가 떠오른다.

독일어 '하켄크로이츠'는 '하켄(갈고리)'과 '크로이츠(십자)'가 조합된 말이다. '십자'라니, 기독교도들에게는 골치 아픈 문제다. '卐'은 십자 형태가 회전하며 생기는 잔상(갈고리 부분)을 디자인한 것이므로, 십자와는 떼려야 뗄 수가 없다.

하지만 '십자'를 신성시하는 기독교는 악마의 기호가 된 하켄크로이츠와 십자의 연관성을 어떻게든 떼어놓고 싶을 것이다. '하켄크로이츠'라고 부르면 어쨌든 기독교와 관련이 있다는 생각이 들 수밖에 없으니, 하켄크로이츠라는 호칭을 금지하고 대신에 원래 '卍'을 뜻하는 산스크리트어 '스바스티카svastika'를 채택했다. '십자(크로이츠) 숨기기'였다(나카가키 겐지쓰中垣顯實,『만과 하켄크로이츠卍と

ハーケンクロイツ』, 겐다이쇼칸現代書館, 2013).

이는 중대한 과오였다. 그냥 '나치의 상징'으로 두는 게 가장 무난했을 텐데, '스바스티카'라고 부르게 되면서 아시아권의 '卍'에도 같은 이미지가 들러붙고 말았다.

유럽에 위치한 소림사 권법 도장의 '卍' 표식마저도 나치의 상징이라고 비난을 받았고, 결국 소림사는 현재의 '쌍원双圓' 표식으로 디자인을 바꾸었다.

룬문자와 나치

나치 독일은 기호의 제국이라고 불릴 정도로 하켄크로이츠를 비롯한 다양한 상징을 사용했다. 이미 언급한 볼프스앙겔, 슈바르체 존네, 조넨라트 등이 있지만, 기본적으로는 게르만어파의 모든 표기에 사용되던 옛 룬문자를 차용해 나치 독일 각 조직의 상징 기호로

왼쪽: 문제가 되었던 소림사 권법 표식(가네마루 미나미 그림)
오른쪽: 새로운 소림사 권법의 쌍원 표식

삼았다.

악명 높은 나치 친위대는 친위대의 앞 글자인 'SS' 표기에 룬문자 'S'를 사용해 독일어 'Sieg(승리)'의 'S'를 결부시켰다.

히틀러유겐트 중에서 체력적으로 뛰어난 대원에게 수여하는 '히틀러유겐트 우수상'의 표식으로는 룬문자 'T'를 사용했다. 룬문자 'O'는 인종적 순수성을 추구했던 친위대 '인종 및 이주 본부'의 표식이었고, 'Z'는 '생명의 샘(레벤스보른, Lebensborn)'의 표식이었다. '생명의 샘'이란 순수한 게르만 민족의 수를 늘려야 한다며 금발에 파란 눈인 친위대원에게 아이를 많이 낳도록 장려할 뿐만 아니라 점령국에서 그런 아이를 납치해 키우기도

위에서부터, 나치 친위대의 앞 글자 'SS'를 룬문자로 표현한 상징 표식 / 히틀러유겐트의 우수상 메달 '티르 룬' / 친위대 인종 및 이주 본부의 표식 '오달 룬' / '생명의 샘'의 표식

1~2세기에는 24자였던 룬문자

ᚠᚢᚦᚨᚱᚲᚷᚹᚺᚾᛁᛃᛈᛇᛉᛊᛏᛒᛖᛗᛚᛜᛞᛟ
f u th a r k g w h n i j p é z s t b e m l ng d o

했던 국가적 범죄 조직이었다.

　룬문자는 나치보다 천 몇백 년이나 앞서 등장한 문자로, 이전까지는 장식용으로 종종 사용되었다. 하켄크로이츠와 마찬가지로 나치가 차용하면서 악명이 높아졌다.

　스웨덴에서는 하켄크로이츠와 마찬가지로 룬문자도 나치를 연상시킨다고 해서 사용 금지 여부를 논의하고 있다. 다만, 룬문자는 나치의 상징이기 전에 바이킹 문화와 뗄 수 없는 역사적 산물이라는 반론도 만만치 않아, 금지했다가는 역사의 기억이 사라질지 모른다는 우려도 있다.

　참고로 디지털 기구용 근거리 무선통신 기술표준 '블루투스Bluetooth'의 기호는 룬문자 중 'H'와 'B'를 조합한 디자인이다. '블루투스'라는 이름은 바이킹 시대 덴마크의 왕 '하랄 블루투스'에서 따온 것으로, 이름의 앞 글자를 사용해 기호로 삼았다. 거기서 나치의 그림자를 느끼는 사람은 별로 없을 것이다.

룬문자 'H'와 'B'를 조합해서 블루투스 기호가 생겨났다.

히틀러의 상징 전쟁

상징 기호를 유달리 좋아했던 나치에게, 그들이 만들지는 않았지만 하켄크로이츠와 쌍벽을 이룰 정도로 중요한 상징이 있다. 유대민족을 상징하는 육망성 모양 '다윗의 별'이다.

히틀러는 나치당의 당수가 된 이래로 나치 제국이 붕괴할 때까지 유대인 절멸의 헛된 꿈에 집착했다. '하켄크로이츠'로 '다윗의 별'을 박해한 것이다. '상징 전쟁'이라 해도 무방하다. 아니, 히틀러 측의 적대 정책이 일방적으로 다윗의 별을 공격했다. '다윗의 별'은 히틀러와 나치에게 유대인 멸시의 상징으로 한껏 이용당했다.

다윗의 별이 유대인의 상징이 된 것은 17세기 초반이었다. 그후 18세기 말에서 19세기에 걸쳐 유대인들 사이에서 민족의식이 고양되다가 19세기 말 시오니즘 운동(유대인 국가 건설 운동)으로 완전히 기세가 올랐다.

일설에는 1627년 신성로마제국의 페르디난트 2세가 프라하 유대인 사회에 '다윗의 별'을 상징으로 삼는 것을 허락하면서 그 외의

다윗의 별

유대인 사회에도 퍼졌다고 한다. 유대인 사회는 자립을 위해 기독교의 '십자'에 대항할 강력한 상징을 원했던 것이다.

최초로 허락받은 상징 아래에는 라틴어로 '다윗의 방패'라고 쓰여 있었다. 그후 '다윗의 별'은 고대 이스라엘의 왕 다윗을 지키는 방패에 새겨진 문장紋章이라는 의미가 되었다.

19세기 말, 극심한 반유대주의에 저항하면서 앞서 언급한 시오니즘 운동이 일어났다. 이때 '다윗의 별'이 정신적인 버팀목이 되었다.

육망성 역시 '卍'처럼 세계 여러 지역에서 부적 등으로 사용되던 지극히 대중적인 표식이었다. 일본에서도 오랜 옛날부터 가문의 문장으로 쓰였다. 식품회사 '가고메カゴメ'도 1917년부터 1983년까지 기업 상표에 사용했다. 물론 유대인 과는 아무런 관계가 없다. 회사명 '가고메'는 바구니를 결은 눈을 뜻하는 일본어 단어 '籠目'의 독음인데, 바구니의 짜임 자체가 육각형을 이루므로 자연스럽게 육망성 모양을 상표

'가고메'와 육망성의 관계도

가고메 상표의 변천

가니에蟹江 가문의 문장

문장에 있던 원을 별로 바꾸었다. 1910

별과 육망성을 넣은 상표를 만들었지만, 당시 육군에서 허가가 나지 않았다.

육군에서 허가받은 상표, 1917

그뒤 사명을 영문으로 넣고 그림은 작게 곁들인 상표로 바뀌었다가 (1963), 1983년에 영문만 남기면서 그림은 없어졌다.

로 삼았던 것이다.

 히틀러는 지속적으로 '상징 전쟁'을 벌였다. 나치당은 유대인의 상징 '다윗의 별'을 공격하면서 지명도를 올렸다. 또한 나치가 정권을 탈취하기까지 힘을 모아준 수년 동안의 선거전은 적대 세력의 상징과 벌인 싸움이기도 했다.

 나치당의 '하켄크로이츠', 가톨릭계 중앙당의 '십자', 소련과 똑같은 상징을 사용했던 공산당의 '망치와 낫', 이 세 당을 패배시키겠다는 의미를 지닌 사회민주당의 '세 개의 화살'. 이 네 가지 상징이 서로 얽히며 싸움을 벌였다.

 다만, '세 개의 화살'은 다른 당을 무찌르겠다는 의도밖에 없었다. 만약 사회민주당이 정권을 잡았다면 곧바로 필요 없어졌을, 선거만을 위한 상징이었다.

위에서부터 하켄크로이츠, 독일중앙당 표식, 독일공산당 표식, 독일 사회민주당 표식

사회민주당의 1932년 선거 포스터 '파펜, 히틀러, 탈만에 맞서'. 파펜은 당시의 독일중앙당 당수, 탈만은 공산당 당수였다.

박해의 상징 '다윗의 별'

나치는 정권 탈취와 동시에 유대인 박해를 시작한다. 흉악한 스토커처럼 유대인을 추적했다. 나치 돌격대는 유대인이 경영하는 상점이나 백화점의 쇼윈도에 '유대인 가게이니 물건을 사지 말라'는 협박 문구와 함께 '다윗의 별'을 페인트로 낙서했다. 그리고 유대인의 팔이나 가슴에는 다윗의 별이 그려진 완장이나 와펜을 강제로 착용하게 했다. 폴란드 트레블링카Treblinka 절멸수용소의 가스실 입구 위에 다윗의 별이 달려 있던 장면을 다큐멘터리에서 본 기억이 있다.

물론 피해자들을 주저 없이 사지로 몰아넣기 위한 위장이었다.

오해를 무릅쓰고 말하자면, 이러한 점에서 다윗의 별은 하켄크로이츠와 함께 박해의 상징이다. 다윗의 별에 의해 유대인으로 특정되면 유대인은 각자의 이름이 아니라 숫자 및 다윗의 별로 수렴되었다. 나치는 다윗의 별을 동원해 유대인 소멸을 획책했던 것이다. 그러나 한편으로 완장과 와펜 없이는 유대인을 판별하기 어려웠다고도 할 수 있겠다.

나치 정권 탄생을 기점으로 하켄크로이츠를 포함한 나치당 관련

프랑크푸르트 유대인 상점의 쇼윈도에 다윗의 별과 '더러운 유대인' '돼지 같은 놈들' 등의 문구가 낙서되어 있다. 1933

배지가 다양하게 만들어졌다. 히틀러유겐트와 독일소녀단에도 입단을 증명하는 배지가 있었다. 입단이 의무화되었지만, 유대인은 입단 불가였고 배지 착용도 금지되었다. 따라서 학교에서도 배지 착용 여부를 보고 유대인인지 아닌지 바로 판별할 수 있었다. 역시나 겉보기만으로는 판별하기 어려웠던 모양이다.

게토나 강제수용소에서 도망친 유대인들은 유대인임이 발각되지 않으려고 다윗의 별이 그려진 완장이나 와펜을 떼어버렸다.

기독교도와 유대교도 남성을 구분했던 것은 할례(성기의 포피를 제거하는 수술) 여부였다. 유대교에서 남자는 모두 유아기에 할례를 받아야만 한다. 따라서 외견상으로는 판별할 수 없다고 해도 하반신을 노출시키면 유대인인지 아닌지 바로 알 수 있다. 도망치는 유대인들에게 가장 큰 난관이었다.

어쨌든 유대인 박해는 다윗의 별과 줄곧 함께였다. 살아남은 이들도 다윗의 별과는 이제 인연을 끊고 싶다, 두 번 다시 보고 싶지 않다고 생각하지 않았을까.

독일에 거주하던 유대인들은 박해를 고지하는 가혹한 벽보에

이스라엘 국기

매일같이 정신을 소모해야만 했다. 고지문에 사용된 서체는 독일 특유의 각지고 장식적인 블랙레터Blackletter체였다. 블랙레터체는 1941년까지 나치의 공용 서체였다. 박해를 피해 도망친 유대인들은 블랙레터체도 두 번 다시 보고 싶지 않았을 것이다.

다윗의 별은 지독하게 박해에 이용당했지만, 유대인을 위해 건국된 나라 이스라엘의 국기에 사용되고 있다. 고난을 함께한 인장으로 자리매김한 것일까.

단 하나의 부정적인 완장

1장 '전쟁과 색'에서 언급한 붉은 완장은 공산주의자, 나치당원, 홍위병, 러시아 병사가 착용했고, 다른 색 완장은 무솔리니의 파시스트당원, 우크라이나 병사, 아조우 연대, 친러시아파 등이 착용했다. 어느 세력이나 자신들의 존재를 과시하기 위해 적극적으로 완장을 활용했다.

유대인은 '다윗의 별'이 검은색으로 그려진 노란 완장을 착용했다. 이 노란색(폴란드 바르샤바 총독부만 흰 바탕에 파란색 다윗의 별) 완장만이 유일하게 강제로 착용해야 하는 부정적 의미의 완장이었다. 달리 말하면 박해를 받아도 어쩔 수 없는 자들이라는 의미였다. 여기에도 오랜 역사가 있다.

1215년 기독교 공의회에서 주최자인 교황 인노첸시오 3세는 예수를 배신해 죽음으로 몰고 간 유다가 입었던 옷이 노란색이라며 유대인에게 노란색 천을 옷에 달라고 명했다. 예수 시대에는 노란색 의복이 일반적이었으니 예수도 입었을 텐데 말이다.

공의회가 열리기 전, 인노첸시오 3세는 의식에 사용될 색을 흰색·붉은색·초록색·보라색(파란색)·검은색, 이렇게 다섯 가지로 결정했다. 노란색은 빼버렸다. 지금까지 떠도는 도시전설 혹은 풍문으로는 유다가 입었던 옷의 색이기 때문이라지만, 사실은 이슬람

폴란드 우치 게토 앞의 모습, 1940. '유대인 거주지역 출입 금지' 간판, 다윗의 별이 그려진 완장을 두른 유대인 수용자들, 왼쪽에는 나치 완장을 두른 독일 보안첩보부대원이 있다. 자랑스러운 완장과 굴욕적인 완장이 대비된다.

제국의 칼리파[17]가 807년에 제정한 '유대인은 의무적으로 노란색 띠를 두르고 높은 원추형 모자를 쓰도록 한 법률'(데니스 프레거&조셉 텔루슈킨Dennis Prager&Joseph Telushkin, 『유대인은 왜 박해받았는가Why The Jews? The Reason for Antisemitism』, 1985)을 참고한 것으로 보인다. 혐오하는 이슬람교의 법률을 끌어다가 유대인을 곱절로 폄하할 의도였을 것이다.

이 결정에 따라 유럽 각국은 유대인에게 노란색 모자를 씌우거나 유대인이 사는 집의 문을 노랗게 칠했다. 그리고 유대인만이 아니라 처형을 기다리는 이단자의 목에 노란 십자가를 걸거나 사회적 약자인 성매매 여성들에게 노란 베일을 쓰게 했다.

이런 식으로 유대인에게 부정적인 표식을 붙이던 유럽 사회의 전통을 히틀러도 답습했다. 특히 유대인이 겨우 손에 넣은 정체성이자 상징인 '다윗의 별'을 차별의 색인 노란색 바탕에 그려넣음으로써 역시나 더 심하게 깎아내리겠다는 전략이었다.

1941년 독일 내의 모든 유대인에게 완장 착용이 의무화되었고, 1942년에는 독일 모든 점령 지역으로 확대되었다.

나치 점령하의 프랑스 유대인에게도 노란색 와펜을 착용하라는 명령이 떨어졌던 1942년 6월, 처음으로 와펜을 본 교사와 학생들

17　이슬람권에서 정치·종교의 최고 지도자를 지칭하는 말로, 아랍어로 '계승자'라는 의미이다. 영어로는 '칼리프Caliph'라고 한다.(옮긴이 주)

2차세계대전 중 프랑스 유대인에게 강제로 달게 했던 '노란 별' 와펜

은 충격을 받고 반발했다. 유대인이 아니어도 노란 완장과 비슷한 표식을 달고 오자며 학생들에게 제안한 교사도 있었다. 학급 내에 유대인 여학생이 한 명 있어서 전원이 노란 표식을 달고 온 반도 있었다.

표식에는 프랑스어로 유대인Juif이라고 쓰여 있었는데, 이를 두고 'Jeunesse(청년), Universitaire(대학), Intellectuel(지식인), Français(프랑스어)'의 약자라고 말한 대학생도 있었다고 한다.

하지만 비유대인이 유대인의 표식을 다는 용기 있는 행동은 커다란 위험을 수반했다(니콜라스, 『나치즘에 사로잡힌 아이들』). '설마 그렇게까지는 하지 않겠지'라는 예측을 모조리 깨뜨렸던 자들이 히틀러와 나치였다(푸틴 대통령 역시 그들의 동료 자격이 충분하다).

유대인을 드러내는 'J' 도장

'다윗의 별'과 함께 유대인임을 드러냈던 것은 유대인의 여권에 찍혔던 'J' 도장이다.

붉은색 'J' 도장이 찍혀 있는 여권, 1939

아직 나치 독일의 유대인 절멸 정책이 시작되지 않았던 1938년, 오스트리아를 독일에 병합한다는 결정이 내려지자 스위스 정부는 수많은 유대인 난민들이 자국으로 몰려올 거라며 염려했다.

원래 오스트리아인은 스위스로 입국하려면 비자가 필요했지만, 독일인은 비자가 필요 없었다. 독일이 된 오스트리아의 난민은 당연히 비자가 필요 없는 독일 여권을 소지한다. 나치를 피해 난민들이 스위스로 유입되다보면 유대인도 많이 섞여 들어올 것이 틀림없었다. 유대인들이 더 많아지는 건 몹시 곤혹스러운 일이었다. 스위스도 겉으로야 어떻든 반유대주의가 저변에 흐르고 있었던 것이다.

이런 상황에서 스위스 정부는 독일인에게도 비자를 의무화할 수밖에 없다. 비자 없이는 스위스에 입국하지 못한다고 독일에 통보한다. 독일은 독일대로, 스위스가 비자를 의무화하면 다른 나라도 스위스를 따라 비자를 받으라며 유대인 난민을 받지 않으려 할 것을 우려했다. 독일에서 유대인을 쫓아내지 못하게 되기 때문이다.

독일과 스위스 중 어느 나라가 제안했는지는 확실치 않지만, 결국 1938년 9월 유대인을 뜻하는 'Jude'(독일어), 'Juif'(프랑스어)의 앞 글자인 'J' 도장을 여권에 찍기로 결정했다. 독일 유대인은 제삼국에 갈 때 스위스를 경유하면 괜찮지만, 그렇지 않을 때는 입국 허가증을 받아야 했다. 결국 여권의 'J'는 유대인에게 생사를 가르는 악마의 도장이 되었다.

하지만 전쟁이 시작되자 경유를 포함해 모든 외국인에게 비자를

2장 전쟁과 상징

의무화했고, 불법 입국자는 국외로 추방했다. 1942년 8월 스위스는 국경을 봉쇄해, 불법으로 입국한 (유대인을 포함한) 외국인을 가차없이 본국으로 돌려보내기로 결정했다. 스위스는 나치 독일의 유대인 절멸 정책을 알면서도, 유대인을 난민으로 받아들일 수밖에 없게 된 1944년 7월까지 강제 송환 정책을 계속 시행했다.

전후 스위스에서는 'J' 도장 채택, 국경에서의 난민 추방, 전쟁범죄에 상당하는 나치 독일과의 금괴 거래, 유대인 희생자의 재산을 방치한 휴면계좌 문제 등 사실상 홀로코스트에 가담한 게 아니냐는 논의가 일어났지만, 결론에 이르지는 못했다.

1940년 프랑스를 점령한 나치는 그 다음해부터 모든 프랑스 유대인의 개인 서류에도 'J' 도장 날인을 의무화했다.

별 표식과 군대

2장의 마지막 주제는 역사상 가장 대중적인 상징 '★'에 관한 이야기다.

전쟁에서는 별들이 활약한다. 국기에 들어가는 별, 군용기나 전차의 몸체에 그려진 별, 군모나 계급장의 별 등이다. 소련의 최고 훈장인 적성赤星 훈장도 붉은 별 메달이었다. '전쟁과 색'에서 다루었던 국방성 기관지 〈크라스나야 즈베즈다〉도 '붉은 별'이라는 의미였으니, 구소련은 그야말로 '붉은 별' 일색이었다.

구소련의 '붉은 별'은 러시아혁명 후 치러진 내전에서 사용되기 시작했다. 조직의 결속을 다지기 위해서는 상징이 필요하다. 그리고 그 상징성을 높이기 위해 다양한 의미가 부여된다.

'붉은 별'에도 꼭짓점 다섯 개가 있다보니, 다섯 가지에 얽힌 것들이 총동원된다. 인체의 양팔과 양다리를 펼치면 별 모양이 된다느니, 공산주의가 세계를 정복하는 이미지로서 올림픽 엠블럼처럼

소련의 적성 훈장. 1930~1991년 동안 약 390만 명에게 수여했다.

〈크라스나야 즈베즈다〉 창간 50주년 기념우표, 1974

세계 오대륙을 상징한다느니, 공산주의적인 다섯 집단(청년, 병사, 산업노동자, 농민, 인텔리겐치아)을 나타낸다느니, 여러 설들이 있다. 하지만 처음에는 아마도 적과 아군을 식별하는 기호로 시작되었을 것이다. 이것이 훗날 공산주의의 상징이 되리라고 누가 생각이나 했을까.

푸틴 전쟁에서 미국 의회는 우크라이나에 신속한 군사 지원을 하기 위해 무기대여법Lend-lease Acts을 통과시켰다. 이 법안은 2차세계대전이 한창이던 때에 고전하던 영국이 무기를 요청하자 이에 신속하게 응하기 위해 미국이 시행했던 법안과 유사하다. 당시의 법안은 미국이 아직 참전하지 않았던 1941년부터 종전을 맞이한 1945년까지 시행되었다. 독소전쟁[18]이 시작되던 당시에는 소련이 미국의 동맹국이었으므로, 무기대여법에 따라 소련에도 무기를 빌려주었다. 미국 전차와 장갑차 등 군용차량에는 하얀 별이 그려져 있었는데, 소련에 빌려주려고 그 별을 빨갛게 칠했다고 한다.

나치 독일군 전차의 포탑에는 앞서 서술한 군용기와 마찬가지로 철십자 문양을 변형한 형태가 그려져 있었으니, 이 철십자를 동쪽(러시아군의 붉은 ★)과 서쪽(미국군의 하얀 ☆)에서 붉고 하얀 별들이

---

18 2차세계대전 당시인 1941~1945년 나치 독일과 소련을 주축으로 일어난 전쟁. 2차대전의 일부로 보아 '동부전선'이라 부르기도 한다. 파시즘과 공산주의라는 이념의 충돌, 홀로코스트 등 인종적 대학살, 사회 인프라 초토화 등을 낳은 인류 역사상 최대 규모의 전쟁으로, 민간인을 포함한 인명 피해만 3,000만 명에 이르렀다.(옮긴이 주)

밀어붙이는 모양새가 된다.

중국 국기의 '붉은 바탕에 노란 별'도 공산주의 국가이므로 '붉은 별'의 연장선상에 있다. 이 다섯 개의 노란 별도 사회적 집단을 의미하는데, 소련과는 달리 중국 공산당, 노동자, 농민, 소자산 계급, 민족자산 계급을 가리킨다(1장 '전쟁과 색' 참조).

사회주의 국가인 베트남의 국기도 핏빛의 붉은 바탕에 노란 별이 있다. 다소 정형화된 해석이지만, 이 별도 '노동자, 농민, 지식인, 청년, 병사의 단결'을 의미한다.

원래 별 모양은 19세기 서구의 일부 군대에서 계급장으로 사용했다. 이전에는 군공 훈장에 십자 등과 함께 빛을 내뿜는 방사광 모양을 넣기도 했는데, 이를 더 단순화한 형태가 별 모양이었다. 그러면서 공적을 치하하며 수여하는 계급장에 자연스럽게 별 표식을 사

베트남사회주의공화국 국기

교토 세이메이 신사의 제등에 그려져 있는 세이메이 인

용하게 된 것이다.

일본에서는 메이지유신 뒤인 1873년에 정식으로 육군을 발족하면서 프랑스 육군과 미국 육군을 참고하여 군복 수칙을 정했다. 이때 별 모양을 군모와 계급장에 채택했다(자수를 놓았다). 군모에도 계급장과 같은 개수의 별을 붙였다.

메이지유신으로 서구 문화가 들어와 '★'이 별이라는 의미가 되기 전까지, 일본에서 별은 '●' 모양이었다. '★'은 헤이안시대 아베노 세이메이[19]의 '세이메이 인印'처럼 주술적인 기호였다.

메이지 초기, 일본 정부가 근대화 시행을 위해 서구에 보낸 사절단 이와쿠라 도모미岩倉具視 일행은 미국 시찰 당시에 성조기를 보고서 줄무늬는 '가지'로, 별 모양은 '벚꽃'으로 인식했다고 한다(아라마타 히로시荒俣宏, 『광고 도상의 전설広告図像の伝説』, 헤이본샤平凡社, 1989).

---

19 安倍晴明. 10세기 중후반에 활동했던 헤이안시대의 대표적인 음양사. 원래 음양사는 음양오행 사상을 기초로 점술, 주술, 천문, 풍수지리, 제사 등을 담당한 관직이었는데, 아베노 세이메이의 신비한 주술적 권능에 얽힌 이야기가 소설, 만화, 영화 등으로 다양하게 확장되면서 음양사 자체의 이미지를 형성했다.(옮긴이 주)

칼럼 'X' 마스크

중국에서는 1989년 천안문 사건을 이야기하는 것이 금기이다. 1982년 총서기에 취임한 후야오방胡耀邦은 개혁개방에 따른 민주화 노선을 취했지만, 덩샤오핑鄧小平의 눈 밖에 나 실각하면서 민주화의 상징이 되었다.

후야오방이 1989년에 사망하자 그를 추모하는 집회가 열렸는데, 이것이 점차 민주화를 갈망하는 시위로 발전했다. 중국 당국은 무력으로 시위를 제압했고, 그 과정에서 인민해방군이 총을 시위대 정면으로 조준해 수백 명이 사망했다. 바로 천안문 사건이다.

천안문 사건은 1989년 6월 4일에 일어났기 때문에 민중들 사이에서는 '64'가 천안문 사건을 뜻하는 비밀 암호가 되었다. 중국 검색 엔진에서 '64'를 입력하면 접속 불가라는 결과가 나온다. 5월 31일에 4일을 더한 '5월 35일'이나 로마 숫자로 6과 4를 쓴 'Ⅵ Ⅳ', 64가 8의 제곱이므로 '8²' 등을 천안문 사건의 은어로 사용하기도 했다. 그러나 이 역시도 현재는 표시되지 않는 모양이다. 그뿐만 아니라 '오늘' '광장' '민주' 등의 단어도 규제 대상이 되었다고 한다. 이토록 신경을 곤두세우는 건 민중의 분노에 불이 붙을까 두려워하기 때문이라고 생각할 수밖에 없다.

천안문 사건이 33주년을 맞이한 2022년 6월 4일, 추모집회가 홍콩에서 열렸다. 마스크에 'X'를 그리고 침묵으로 항의하던 집회 참가자들이 경찰에 구속되었다는 보도가 있었다. 발언을 금지당하고 있음을 '쉿!' 하는 몸짓처럼 표현한 것이다(3장 '전쟁과 말' 참조).

중국 문화대혁명 당시의 홍위병들은 악으로 지목되어 끌려나온 피해자에게 죄상(물론 억지 트집에 불과한 죄)을 기술한 삼각 모자를 씌우고 목에는 피켓을 걸었는데, 거기에 'X' 표식을 더했다. 'X'는 일본인이 생각하는 것 이상으로 중국인이 싫어하는 표식이었던 모양이다. 구사모리 신이치草森紳一에 따르면 '사형수의 이름 위에 쓰는 기호'(구사모리 신이치, 『중국 문화대혁명의 대선전中国文化大革命の大宣伝』, 게이주쓰신문사芸術新聞社, 2009)였다고 한다. 억측일지 모르겠으나, 2022년 천안문 사건의 추모집회에 등장한 'X'는 언론의 자유를 탄압하는 경찰과 그 배후의 정권을 향한 사형 선고가 아니었을까.

3장
전쟁과 말

1928년 5월 총선거를 겨냥한 나치당 선거 포스터 '선거인 명부 10, 정의의 철퇴를'. 선거 공시 전 나치당의 의석수는 열번째로 정당 중에서 최하위였으므로, 6년 뒤에 정권을 잡겠다는 말 따위는 허황된 꿈이었다.

파리 같은 반역자를 뱉어내라

2022년 2월 러시아는 우크라이나를 침공했다. 이삼일이면 전쟁이 끝나리라 생각했던 푸틴 대통령의 만행은 예상과 달리 우크라이나의 격렬한 저항을 불렀고 전쟁은 장기화되었다. 우크라이나 측이 선전을 펼치는 배경에는, 크림반도 합병 이후에 러시아가 또 침략해올 거라 예상하며 반복해온 모의훈련 등 군사적인 대비, 그리고 서구의 무기 지원이 있었다.

침략을 쉽게 끝내지 못하고 있던 3월 중반, 푸틴 대통령은 "누구나, 특히 러시아인은 언제라도 애국자와 쓸모없는 반역자를 구별 지을 수 있으니, 무심코 벌린 입 안으로 날아든 파리 같은 반역자를 뱉어내야 한다"라고 발언했다.[20]

---

20 푸틴 전쟁으로 우크라이나에서는 푼돈을 받고 러시아에 정보를 제공하는 스파이가 생겨났다. 우크라이나는 이런 스파이를 밝혀내기 위해 '빵'을 발음해보라 했다고 한다(나구라 유리奈倉有里, 「푸틴 지지의 이면, 침묵과 공포의 확대, 항의 전달의 의의プーチン支持の裏 沈黙と恐怖の増大 抗議を伝える意義」, 〈아사히신문〉). 우크라이나어로 빵은 '팔랴니치아паляниця'인데, 러시아어 사용자에게는 발음이 어려운 단어라서 제대로 발음하지 못하면 러시아 스파이로 몰렸다. 억울한 사람을 만들어내기 쉬운 위험한 판별법이다.

　　 1945년 일본이 패전하자 그때까지 휴전 상태였던 중국 공산당과 국민당 사이에서 다시 내전이 시작되었다. 국민당은 공산당에게 고전하며 갈 곳이 없어지자, 연합군에게 대만의 일본군 무장해제를 부탁받았던 것을 구실로 삼아 대만으로 대거 도망친다. 국민당과 정부('외성인')는 일본군에서 공산당으로 이어지는 오랜 싸움에 휘말려 거칠어져 있었다. 학대받던 대만인('본성인')은 1947년 국민당에 대항해 봉기한다(2·28 사건). 본성인은 대만어밖에 몰랐지만, 외성인은 표준중국어 등과 함께 대만어도 할 줄 알았다. 대만어를 할 줄 안다고 해서 모두 본성인은 아니었던 것이다. 이때 본성인인지 아닌지를 알아낼 중요한 암호로 일본 식민지시대에 쓰였던 일본어가 부상했고, 일본어 검문이 시작되었다. 궁지에 몰린 본성인의 정체성을 확인하는 도구가 예전 통치자의 언어라는 점이 참으로 아이러니하다. 이 봉기는 결국 국민당의 극심한 탄압을 불렀고, 이후 40년에 걸친 국민당 장제스 독재정권의 시작을 알리는 사건이 되었다. 영화 〈비정성시〉(허우샤오셴 감독, 1989)에 당

푸틴 전쟁이 장기화되고 마리우폴의 우크라이나군(민간인도 있었다)을 러시아군이 포위했을 때, 푸틴 대통령은 '파리 한 마리 빠져나가지 않도록 봉쇄하라'라고 명령했다. 보통은 '개미 한 마리'라고 할 텐데, 푸틴 대통령에게 혐오를 드러내는 어휘는 '파리'가 다인지도 모르겠다.

어쨌든 국가 원수의 발언이라고는 생각하기 어려운 천박한 말투에 전 세계가 놀랐다. 온갖 욕설을 내뱉고 다녔던 히틀러, 미국의 트럼프 전 대통령 등 몇몇 독재자·권력자의 얼굴이 떠오른다.

푸틴 전쟁에서는 그밖에도 러시아의 서기가 "우리는 지금 서방이 우크라이나에 만든 더러운 마구간을 청소하고 있다"라고 발언했으며, 우크라이나의 영토방위대원을 쏘아 죽이는 장면을 목격하고 비명을 지르는 주민을 향해 러시아군 사령관은 "걱정하지 마라. 이건 오물이다. 우리는 오물을 씻어내려고 왔다"라고 내뱉었다(휴먼라이츠워치의 발표). 거기다 친러시아파 간부는 마리우폴 제철소 지하에 있는 우크라이나군에게 "연기를 피워 두더지를 구멍에서 꺼내겠다"라고 말하며 화학무기 사용을 암시했다고 한다.

이처럼 혐오 표현은 전쟁에서 상투어가 된다. 적을 인간 이하의 존재로 취급하면 잔학 행위에도 거리낌없이 가담하게 되기 때문이다.

시의 상황이 세밀하게 묘사되어 있다.(글쓴이 주)

일본인에 대한 미국의 혐오 표현은 '저임금 노동cheap labor'에서 시작되었다. 일본인이나 중국인은 낮은 급여에도 일하기 때문에 자신들의 일자리를 위협한다고 여겼던 것이다. 태평양전쟁 당시에는 원숭이, 시궁쥐, 뱀을 비롯해 이, 바퀴벌레 등의 해충이 총동원되었고, 어린아이로 폄하하는 시선도 있었다. 두려움을 담은 표현으로 고릴라, 미친 개, 정신병자 등도 있었다. 적에 대한 혐오 표현은 어느 나라에서나 큰 차이 없이 정형화되어 있다.

'잽Jap'과 원숭이ape를 합친 '재입스Japes', 원숭이monkey에 '닙스'(일본을 뜻하는 Nippon의 약어 Nips)를 붙인 '멍키 닙스' 등의 조어를 만들어 썼고, 앞머리에 '리틀little'이나 '옐로yellow'를 붙여 관용구로 삼기도 했다. '옐로 멍키'는 당연히 많이 썼고, '옐로 베리즈Yellow Berries'(겁쟁이), '옐로 도그Yellow Dog'(비겁자) 등의 단어도 있었다.

아시아인 전체로는 '구크스Gooks'(동남아시아인을 비하하는 말), '딘크스Dinks'(베트콩을 비하하는 말), '슬로프스Slopes'(아시아인을 비하하는 말)가 있었다. '슬로프스'는 눈초리가 위로 올라간 눈을 가리킨다. 비슷한 의미로 '슬랜트Slant'라고도 했다.

또 있다. '니그로Negro'(아프리카계를 비하하는 말)는 이미 많이 알려져 있고, '와그Wag'(아랍인을 비하하는 말), '히든Heathen'(이교도나 비종교인), '페이건Pagan'(우상숭배자) 등도 있다(샘 킨Sam Keen, 『적의 얼굴Faces of the Enemy』, 1986). 일본인도 예전에 중국인을 '찬코로チャンコロ'라고 부르며 멸시한 역사가 있으니 그리 떳떳하지는 않다.

미 해병대 기관지인 월간 〈레더넥Leatherneck〉 1945년 3월호에 게재되었던 '일본 이'. 일본에 대한 소이탄 폭격 개시에 맞추어 게재된. 이른바 '이 박멸 작전' 기사

〈레더넥〉 1945년 9월호. '조그만 원숭이 일본인은 이제 길들여졌다'

반면에 일본인이 생각한 적의 이미지는 기본적으로 짐승이나 해충 등이 아니라 '귀신'이었다. 태평양전쟁 당시 적국인 미국과 영국을 비난하며 사용하던 말인 '귀축미영鬼畜米英'에서 '귀축'은 '인간의 가면을 쓴 짐승'(존 다우어John Dower, 『자비 없는 전쟁War Without Mercy』, 1986)을 뜻했다. 겉으로 보기에는 인간이지만 사실은 괴물이다. 일본인이 더 무서워한 것은 어디까지나 인간과 비슷한 괴물, 즉 인간의 이해를 넘어서서 신인지 악마인지 알 수 없는 존재였다.

'인간의 가죽을 뒤집어쓴 악마'라는 표현은 살육의 장벽을 낮추

태평양전쟁 당시, 일본 전설 속 괴물을 퇴치하는 영웅 모모타로를 그린 프로파간다. 모모타로의 겉옷에는 '세계 제일', 개가 들고 있는 깃발에는 '동아공영권東亞共榮圈 수립'이라고 쓰여 있다.

기 위해 독일군이 먼저 사용했던 말이다.

특별군사작전

푸틴 대통령은 우크라이나 침략 전쟁을 '특별군사작전'이라고 바꿔 치기하고, 러시아 미디어나 국민들 사이에서 '전쟁'이라는 말이 나오지 않도록 철저히 감시했다. 물론 '특별군사작전'[21]이라는 애매한 표현을 쓴다 한들, 본질은 영락없는 침략 전쟁이다. 다만, 이삼 일에 끝나야 했을 침략이 장기화되면서 푸틴 대통령은 '전쟁'이라는 말을 사용해 전시 동원을 하지 않을 수 없는 상황에 몰렸다. '전쟁' 선언은 푸틴 전쟁의 실패를 뜻한다.

---

21 군사작전에서 '특별'이라는 말이 붙을 때는 대체로 중요한 임무를 얼버무릴 때이다. 2차세계 대전 당시 독일군의 '아인자츠그루펜'(본문에서 후술함)의 경우, 직역하면 '행동부대'지만 통상 '특별행동부대' 등으로 번역된다. 적대분자의 학살을 목적으로 했다는 점에서 '특별'한 부대였다. 적대분자의 정의를 애매하게 두고서 닥치는 대로 학살하는 부대라고 할 수 있다. '존더코만도'(본문에서 후술함)는 '특별노무반' '특별분견대' 등으로 번역된다. '특별노무반'은 나치 절멸수용소에서 동포들이 살육되고 나면 뒤처리를 떠맡았던 유대인 수용자들이었다. '특별분견대'는 아인자츠그루펜에 소속된 실행부대다.
    베트남전쟁에서 미군은 '특별공격지대'라는 것을 설치했다. 원래는 '자유저격지대, 자유공격지대'라고 해서 여자나 아이, 심지어 갓난아이까지 저격해도 무방한, 무엇이든 허용되는 지대를 가리켰다.
    '푸틴 전쟁'을 '특별군사작전'이라고 칭하는 이유도, 이것은 전쟁이 아니므로 전쟁의 국제법을 지키지 않아도 된다는 의미에서 '특별'한, 학살·성폭력·약탈을 포함해 무슨 짓을 해도 되는 군사 작전이기 때문이다. 침공을 알리지도 않고 들이닥친 러시아군이 첫 전투에서 10년 동안의 아프가니스탄 전쟁 총 사망자 수에 필적하는 사망자를 냈다는 의미에서도 '특별'하다.(글쓴이 주)

국제법에서 금지된 민간인 살육도 자비 없이 행하고 있다. 서구의 미디어가 이를 보도해도 푸틴 대통령은 모두 '가짜 뉴스'라는 한마디로 일축한다. 어지간히 강심장이 아니고서는 독재자 노릇도 감당하기 힘들겠지만, 어떤 일에든 '가짜 뉴스'라는 말을 연발하는 걸 보면 상상력이 너무나 결여되어 있다.

미국도 마찬가지다. 아프가니스탄 침공은 2001~2014년까지 '항구적 자유 작전', 2015년부터 철군한 2021년까지는 '자유의 파수꾼 작전'이라고 불렀다. 2003~2010년 이라크 침공은 '이라크 자유 작전'이라고 이름 붙였다(그뒤 미군이 완전히 철수하던 2021년까지는 '새로운 새벽 작전'이었다). 어디라도 '자유'만 붙이면 불순한 침공 이유를 가릴 수 있다고 생각한 걸까.

다른 말로 바꾸어 눈을 현혹하려 드는 예는 아주 많다. 예컨대 태평양전쟁 당시 일본군 대본영(육군 및 해군 최고사령부)은 '전멸'을 '옥쇄玉碎', 전장에서 죽는 것을 '산화散華' '영령英靈' '군신軍神', 패퇴를 '전진転進'[22], 일시적 피난을 '소개疏開', 자폭을 '가미카제 특공'이라 불렀다. 오래전 몽고군을 몰아내는 데 큰 도움이 된 태풍을 '가미카제'[23]라고 불렀던 것에 착안해 자폭 행위에 신을 결부시켰다.

---

22 군대가 주둔하던 곳을 떠나 다른 곳으로 옮긴다는 뜻으로, 앞으로 나아간다는 의미의 '전진前進'과는 한자가 다르다.(옮긴이 주)

23 神風. 신이 일으킨 바람, 즉 뜻밖의 행운을 말한다. 1281년 원나라 군대가 고려와 연합하여 일본을 침략했을 때, 엄청난 태풍이 불어 일본이 위기에서 벗어났던 일에서 유래했다.(옮긴이 주)

'점령군'은 '진주군進駐軍'이다. 일본을 '신국神國'이라 부르거나 일왕의 목소리를 '옥음玉音'이라고 부르는 등 현실을 외면하려고 고심한 기색이 역력하다.

오늘날 일본 정부는 '무기 전출'을 '방위 장비 이전'이라고 바꿔 말하고, '적군 기지 공격 능력'을 '반격 능력'이라고 바꿔 말하고 있다. '공격'과 '반격'의 경계는 지극히 애매하므로 '선제공격'도 포함하는 것으로 보인다. 아니, 억지스럽게 바꾸어 말하려는지도 모른다. 푸틴 대통령도 공격(침략)을 반격으로 바꿔 말한다. 역시 과거의 교훈은 아무것도 살아 있지 않고, 역사는 반복될 뿐이다.

어쨌든 독재자, 침략자, 그리고 전선의 병사들은 둔감해지기를 요구받는다.

"윤리의 벼랑 끝에 세워지면, 물음표 따위 팽개쳐라.
내면의 무신경을 일깨워라. 세계에서 가장 둔감한 남자가 되어라."[24]

미군의 경우에는, 사망자 수를 '바디 카운트 body count', 살인을 '테이크아웃 takeout'이라 말한다. '테이크아웃'은 일상적으로 사용하는

---

24 이토 게이카쿠伊藤計劃(1974~2009)의 『학살기관虐殺器官』 중에서.(글쓴이 주) 2년가량의 짧은 활동 기간 동안 큰 주목을 받았으나 요절한 SF 작가 이토 게이카쿠의 데뷔작이자 대표작. 근미래가 배경인 군사첩보 SF 소설로, 관리사회의 여러 면모와 함께 환경·인종 문제 등을 비판적으로 다루었다.(옮긴이 주)

단어라 뉘앙스가 다소 복잡하다. 전투에 휘말려 죽은 민간인은 '콜래트럴 데미지collateral damage'(부수적인 피해), 관을 뜻하는 말은 '허트 로커hurt locker'(심각한 부상을 입은 상태)라고 한다.

'전쟁과 상징'에서 잠깐 언급했던 '현지 조달'이라는 말도 전쟁에서는 약탈을 가리킨다. 푸틴 전쟁에서 러시아군도 우크라이나에서 강탈한 물품들을 벨라루스에서 자신들의 집으로 보냈다고 한다. 이삼일이면 끝나리라 예상한 전쟁이었으니 병참을 제대로 갖추지 않았다고는 하지만, 그 정도에 그치지 않고 당장 필요치도 않은 물건(전자제품 등)까지 훔친 것이다. 종국에는 학살과 성폭력까지 저질렀다고 하니, 신의 눈이 두렵지 않은 최악의 강도 집단이다.

예전의 십자군('전쟁과 상징' 참조)도, 그리고 독일군과 일본군도 '현지 조달'을 으뜸으로 여겼다. '현지 조달'이라는 완곡한 단어에는 악의가 숨어 있다.

특별노무반

전쟁에서 병사들의 심리적 부담을 덜어주는 일은 언제나 긴급한 과제이다. 특히 학살의 경우에는 보통의 신경으로는 실행하기 어렵다.

아우슈비츠 등 절멸수용소에서는 친위대원의 심리적 부담을 경감하기 위해 학살 행위를 시스템으로 만들고, 그 대부분의 과정을 유대인 수용자들에게 맡겼다.

가축 수송 열차로 아우슈비츠에 끌려온 유대인은 열차에서 내려 ('짐을 부린다'라고 표현되었다), 일할 수 있는 사람과 노인이나 아이 등 그렇지 않은 사람으로 선별되었다. 일하기 어려운 사람은 그대로 탈의실로 보내진 뒤, 샤워실이라는 이름의 가스실에서 살해되었다. 시신은 소각로에서 태워졌고(소각로가 초과 가동되어 밖에서 태우는 경우도 있었다) 재는 하천에 버려졌다.

선별 이외의 모든 과정을 맡은 이들이 '존더코만도Sonderkommando'(특별노무반)라고 불렸던, 도착 직후에 선별되어 일하게 된 유대인들이었다. '특별노무반'이라는 이름에서 '특별군사작전'과 유사한 심리적 부담 경감 수법이 느껴진다. 더러운 일을 모두 처리해야만 했던

아우슈비츠에서 희생자의 시신을 태우는 존더코만도, 1944. 수용자가 죽음을 각오하고 촬영한 사진 4장 중 하나다.

존더코만도도 몇 개월 뒤에는 똑같은 운명에 처했다.

학살당할 유대인들을 자연스럽게 가스실로 유도하려면 '속임수'가 필요했다. '전쟁과 상징'에서 다루었듯이 건물 입구에 '다윗의 별'을 내걸기도 했지만, 샤워를 하고 나면 커피와 수프가 기다리고 있다며 탈의실 입구에 커피 향을 풍기는 카페 차량을 준비해놓기도 했다. 진짜처럼 보이려고 입욕 요금을 건네주기도 했다.

소비보르 절멸수용소에서는 사람들을 안심시키려고 샤워한 뒤 소지품은 모두 돌려준다고 했을 뿐만 아니라, "지금이야말로 유대인들이 사회의 생산적인 구성원이 될 때다"(마르셀 루비, 『강제수용의 기록』)라는 SS 중사의 연설에 유대인들이 감동해 박수로 응답했다는 일화도 있다.

개의치 말고 섬멸하고 나아가라

나치의 소련 침공 목적 중 하나가 소련의 유대인 500만 명을 절멸하겠다는 것이었다. 독일국방군의 전방을 지원하기 위해 적대분자 살육이라는 임무를 띠고 후방에서 진군해온 '아인자츠그루펜Einsatzgruppen'(특별행동부대)이 학살의 끝을 보여주었지만(그중에도 존더코만도라고 불렸던 부대가 소속되어 있었다. 이들은 '특별분견대'라고 불렸다), 그럼에도 일반 병사들이 직접 할 수밖에 없는 상황도 많았다. 국방군은 이들의 심리적 부담을 덜어주기 위해 『열등 인종』이라는 소책자를 병사 전원에게 배포했다.

소책자에는 유대인이 인간과 비슷해 보이지만 인간과는 전혀 다른 무서운 생물이며 인간 이하의 저급한 존재라는 내용이 담겨 있었다(린 니콜라스, 『나치즘에 사로잡힌 아이들』). 이토록 비논리적인 주장에 납득한 병사가 과연 있었을까 싶다(납득당할 수밖에 없었을지도 모르지만……).

국방군 원수 발터 폰 라이헤나우Walther von Reichenau는 병사들에게 "개의치 말고 섬멸하고 나아가라, 식량도 독일군의 것이니 내주지 말라, 독일 민족을 위해 건물을 모두 불태워라"라는 '라이헤나우 강조 명령'을 내리며 『열등 인종』에 힘을 실어주었다. 결국 병사들은 주저 없이 절멸 전쟁에 매진했다.

영화 〈컴 앤 씨〉(엘렘 클리모프 감독, 1985)는 러시아군의 시점에서 아인자츠그루펜의 악행을 냉엄하게 묘사한다. 일본에서는 '불꽃 628'이라는 제목으로 개봉되었는데, 628은 벨라루스에서 아인자츠그루펜이 사람들을 몰아넣고 불태워버린 마을의 수였다.

아인자츠그루펜의 지휘관들은 전후 사형에 처해지는 등 상응하는 처벌을 받았지만, 앞서 언급한 프랑스에서 학살을 계속했던 다스 라이히('전쟁과 상징' 참조)의 지휘관들은 전후 기소되더라도 사면을 받는 등 전쟁범죄에 대한 처벌을 피했다.

이들의 적인 소련도 기관지 〈크라스나야 즈베즈다〉에 실은 '독일군은 인간이 아니다'라는 글을 보면, '죽여라'를 연호하며 '독일군의 시체보다 더한 즐거움은 없다'라고 끝맺는다(오키 다케시大木毅, 『독소전쟁独ソ戦』, 이와나미신쇼岩波新書, 2019)[25]. 독소전은 정말로 적이 소멸할 때까지 서로 싸우는, 자비라고는 없는 전쟁이었다('전쟁'에 자비란 애초에 없지만).

지금도 전장에서 직접 살육과 잔혹 행위에 가담하는 보병은 한없이 둔감해지기를 요구받는다. 그러나 목표물에서 멀리 떨어져 버튼을 누르는 폭격기 탑승자나 미사일 발사 요원 등은 둔감해진다기보다, 자신의 행위로 사람이 죽는다는 사실에 무관심해진다. 핵 버튼을 누르겠다는 푸틴 대통령의 협박은 사람들의 죽음을 직접 목격하지 않아도 되는 무관심 덕분에 할 수 있는 말일 것이다.

제5열

2014년 크림반도 합병 이후, 러시아에서는 적에 협력한 자를 '제5열' '외국의 대리인' '국가 반역자'라고 부른다. 일본에서는 '매국노'라는 호칭이 일반적이다. 모두 스파이를 가리키지만, '제5열'에는 별도의 배경 설명이 필요하다.

---

25 AK커뮤니케이션즈, 2021

스페인 내전(1936년) 당시, 공화국 정부가 방어하던 마드리드를 프랑코 장군의 반란군 4개 부대가 포위했다. 이때 프랑코가 마드리드 시내에는 다섯번째 부대, 즉 꽤 많은 스파이가 잠입해 지원하고 있다고 말한 데서 '제5열'이 유래했다. 공화국 정부군의 중심이었던 공산당이 '제5열' 사냥을 시작함으로써 공산 정권 쪽에서 특히 많이 사용하게 되었다.

소련 국가보안위원회KGB의 후속 조직인 러시아 연방보안국FSB 내에서 옛 소련의 국가들(우크라이나 포함)을 러시아의 그림자 아래에 두는 임무를 맡은 부서가 바로 '제5국'이었다. 이번 푸틴 전쟁에서 확실한 정보를 올리지 않았다는 이유, 아니 죄목으로 150명이나 체포·경질·숙청되었다고 한다.

이는 푸틴 대통령이 스탈린처럼 제 귀에 듣기 좋은 정보만 원하기 때문이라고도 한다. 푸틴 전쟁이 예상대로 진행되지 않은 데에는 지나치게 권력을 틀어쥐고 있는 대통령 자신 탓이 있는 것이다. 책임을 부하에게 전가하는 것은 스탈린이 잘하던 짓이기도 했다.

원래 푸틴 대통령은 소셜 미디어나 스마트 폰도 이용하지 않는, 이른바 '벌거벗은 임금님'이다. 전직 스파이였는데도 정보를 얻는 수단은 모두 아랫사람에게 맡긴다. 그렇게 해서 예측이 어긋나면 아랫사람 탓이니, 최악의 '갑질' 상관이다. 회의를 열면 참석자 좌석이 (코로나 감염의 공포 때문인지) 적어도 4, 5미터나 떨어져 있는데

긴밀한 논의가 가능할까. 영상이라면 모르겠으나 문서 자료가 있으면 주고받는 것만 해도 큰일이다. 틀림없이 소통이 충분치 않을 것이다.

그런데 전쟁이 2개월 정도 지났을 무렵, 이번에는 푸틴 대통령이 1미터도 안 되는 지나치게 밀접한 거리에서 국방장관의 보고를 들었다. 안토니우 구테흐스António Guterres 유엔 사무총장과 회담할 때는 다시 몇 미터나 떨어져 있었다. 푸틴 대통령의 거리 감각은 수수께끼다.

'제5열'은 적에게 협력하는 자를 가리키지만, '제5국'도 적을 이롭게 했다는, 이른바 '제5열' 취급을 당하며 숙청된 것으로 보인다. 푸틴 정권 내부에 잠입한 '제5열'에 '제5국'이라는 이름을 붙여줬던 걸까.

소련을 포함한 구공산권 국가들에서 이른바 '비非국민'을 가리키는 또다른 말은 '계급의 적' '인민의 적'이다. '트로츠키주의자'라는 말도 쓴다. 러시아혁명에서 활약했던 레온 트로츠키Leon Trotsky가 '반反스탈린'이었다는 이유로, 트로츠키 신봉자들은 모두 반혁명 집단인 '인민(계급)의 적'으로 몰렸다. 하지만 인민의 진정한 적은 이런저런 것들을 강요하는 권력자·독재자다(이 경우는 스탈린과 푸틴이다).

비국민

'전쟁과 색'에서 공산주의자를 '빨갱이'라 부른다고 했는데, 태평양 전쟁 당시 일본에서는 스파이가 아니더라도 전쟁에 적극적으로 가담하지 않은 비협력자를 '비非국민'이라고 불렀다. 군부가 추진했던 '익찬翼贊 체제'에 어긋나는 자라는 의미이기도 했다.

'익찬'이란 원래는 양날개처럼 힘을 보태어 돕는다는 의미지만, 총력전 앞에서 국민들의 자발적인 협력을 이끌어내기 위해 군부에 대한 비판은 봉쇄하고 체제를 무조건 옹호한다는 함의도 있었다(푸틴 전쟁에서 러시아도 익찬 체제였다). 그 속에서 '비국민'이라는 말이 생겨났다.

익찬 체제의 일환으로 시작된 '소화笑和 운동'에서는 '전쟁중인 나라로 보이지 않도록

'필리핀에서의 결전, 중대해지다' 포스터, 1944년경

명랑하게' '일억 명이 웃으며 인내하여 전쟁에서 승리하자' 등의 표어가 생겨나, "다양성을 존중하지 않고 '싱글벙글' 웃음으로 지워버리려고"(오쓰카 에이지大塚英志, 『대정익찬회 미디어 믹스大政翼贊会メディアミックス』, 헤이본샤平凡社, 2018) 했다. '기계는 많아도 비행기는 없다. 이 외침을 잊지 마라. 웃으며 돌진하는 신의 독수리를 경배하는 마음으로 비행기를 만들어라'라는 표어도 있었다. 전황이 악화되는데 노동 가능 연령대의 남성들은 전쟁터에 붙들려 있으니 노동력이 부족하다. 비행기 생산이 수요를 따라가지 못한다. 그 수요란 특공대다. 죽을 각오는 되어 있는데 적을 향해 돌진할 항공기가 부족하니, 생산을 독려하라는 말이다. 웃으며 사지로 뛰어들 비행기에 타는 심정은 얼마나 괴로울까. 이러한 표어에 저항하는 사람은 비국민이 된다.

1960년대 말 일본에서 학생운동이 활발하던 무렵, 좌익 학생들이 적을 비난할 때 사용하던 말이 '주구走狗'였다. 사냥할 때 앞서 달려가는 개, 바로 앞잡이다. 구체적으로는 '자본주의의 주구'와 같이 사용했다. 생각해보면 어디든 '주구'를 갖다붙였던 것 같다. 짐승도 피곤하다.

하일, 히틀러!

지배·피지배 관계를 항상 떠올리게 만드는 말도 있다.

1953년 이래로 여전히 휴전 상태인 한국의 군대에서는 경례를 할 때 '충성' '필승' '단결' 등의 구호를 외친다. 지금도 전쟁이 계속되고 있음을 실감한다.

나치 독일에서는 히틀러 정권이 탄생하자, 그때까지 나치당 내에서만 사용되던 '하일, 히틀러!'를 독일의 모든 국민에게 일상적인 인사로 사용하도록 강요했다. 게다가 등을 곧게 펴고 목소리를 높여야만 했다. 세뇌의 첫걸음이자 고문이었다.

무솔리니도 군대에서 점호를 할 때 '프레젠테Presente!'(나는 여기에 있다)라고 외치게 했다. 여기서 '나'란 무솔리니를 뜻했으니, 명령 계통을 항상 떠올리게 한 것이다.

중국 문화대혁명 당시에도 '마오쩌둥 만세!'가 일상적인 인사였다. 동참하지 않으면 부조리한 폭력에 노출될 위험이 있었다.

문화대혁명 때 자주 연호되었던 또다른 말로는 '조반유리造反有理, 혁명무죄革命無罪'가 있다. 1967년 천안문에 모인 백만 홍위병 앞에서 린뱌오와 저우언라이를 거느리고 단상에 오른 마오쩌둥은 '조반유리, 혁명무죄'를 소리 높여 선언했다.

'조반유리'란 권력자나 상사, 윗사람에게 반항하는 데에는 이유가 있다는 뜻이다. 홍위병들은 아무것도 신경쓰지 않고 폭력을 휘두를 수 있는 보증서를 마오쩌둥에게 얻은 것이다. 그 결과, '전쟁과 색'에서 다루었듯이 자신의 스승을 죽이거나 부모마저도 비판해서 죽음에 몰아넣기도 했다.

일본의 학생운동 진영에서도 문화대혁명의 실태는 모르고서 뭔가 대단한 사건이 일어나고 있다고 오해해 '조반유리, 혁명무죄'를 반체제운동의 면죄부로 삼은 적이 있었다.

더불어 '이의 없음'과 '난센스nonsense'라는 말이 집회에서 상투적으로 울려퍼졌다. 시끄러운 장소에서 소리 지르는 연설이 귀에 잘 들어올 리 없었으니 형식적인 말들만 축제의 함성처럼 공허하게 울렸던 것이다.

쥐를 박멸하라

오래전, 프로테스탄트 파(개신교)의 창시자 중 한 사람인 마르틴 루터 Martin Luther는 '우리나라의 병원균, 해로운 독, 역병의 진정한 신은 유대인'(데니스 프레거&조

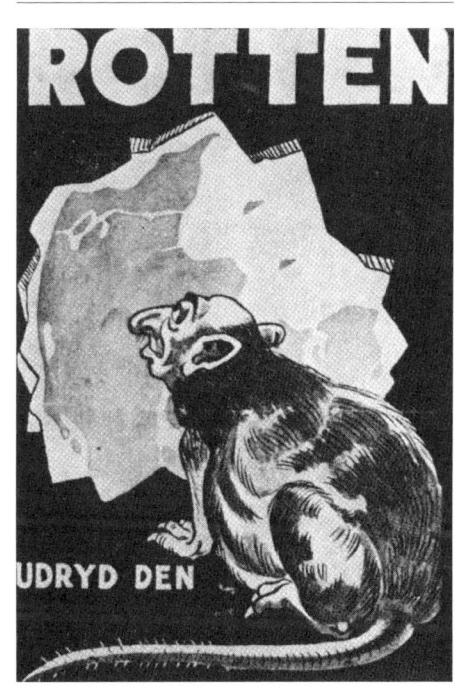

2차세계대전 당시 덴마크에서 제작된 나치의 반유대 포스터 '쥐를 박멸하라'

나치의 반유대 프로파간다 영화 〈영원한 유대인〉 포스터, 1940

셉 텔루슈킨, 『유대인은 왜 박해받았는가』)이라고 말했다. 이때부터 사람들은 유대인이 '역병의 근원으로서 유대인이 아닌 사람의 피를 빨아먹고 우물에 독을 타고 세계 제패를 모의하고 신마저도 죽였다'(같은 책)라고 믿었다. '제5열'이라는 말이 생긴 뒤부터는 유대인이라는 사실만으로도 '제5열'로 간주되는 등 끔찍한 단어가 생겨날 때마다 유대인과 결부되었다.

나치에게는 박해를 둔감하게 만드는 차별어가 차고 넘치도록 많았다. 나치의 차별적인 말에 일상적으로 공격당하던 유대인들은 결국 '쥐를 박멸'하듯 시행된 학살에 몇백만 명이나 희생되었다.

나치의 반유대주의 프로파간다 다큐멘터리 〈영원한 유대인〉(프리츠 히플러 감독, 1940)에는 유대교도의 일상생활 장면 사이에 쥐떼 영상이 서브리미널 효과[26]처럼 삽입되어 있다. (페스트균을 퍼뜨리는) 쥐와 유대인을 결부시키려 했던 것이다.

영화의 제목은 예수가 형장에 끌려갈 때 한 유대인이 그 모습을 비웃고 욕하자, 분노한 예수가 '영원히 방랑하리라'라고 일갈한 데서 유래한다. 물론 전해내려오는 이야기일 뿐이다. 제목에 '방랑하는'이라는 말이 빠진 탓인지, '영원히 사는 유대인'이라고 읽히기도 하지만, 당시의 유럽인들에게는 그렇게까지 설명하지 않아도 이미

---

26 Subliminal effect. 알아차리기 어려울 정도로 짧은 시간 동안 반복적으로 자극을 노출함으로써 잠재의식에 영향을 주는 것을 가리키는 심리학 용어.(옮긴이 주)

잘 아는 표현이었을 것이다.

　독소전의 주요 국면 중 하나인 스탈린그라드전투에서 시가전이 시작되자, 독일군은 이를 '쥐의 전쟁Rattenkrieg'이라고 불렀다. 산더미 같은 파편 속을 쥐처럼 기어다녀야 하는 가혹한 전투였기 때문이다. 이때 '쥐'란 자신들인 독일군이다. 방어하던 소련은 파편을 차폐물로 삼아 효과적으로 대응했다.

그들을 없애버릴 수밖에 없다

히틀러는 독일을 수중에 넣은 것에 만족하지 않고 주변 국가들을 독일에 합병시키려 들었다. 특히 동유럽의 광대한 영토가 주는 매력에 사로잡혀 있었다. 이를 위해 히틀러가 유대인과 함께 열등하다고 간주했던 러시아 및 폴란드의 슬라브 민족을 일소해 나라 자체를 소멸시키려고 했다.

　그리고 실패했다. 아니, 나치 독일의 최대 실패는 자민족(아리아 민족) 우월주의에 매몰되었다는 점이다. 그 밑바탕에 슬라브 민족과 유대인 절멸이 깔려 있었다.

　나치 독일은 침략을 통한 영토 확장 이상으로 유대인 및 슬라브 민족 정화에 막대한 노력을 쏟았다. 왜 패색이 짙어지는데도 박해를 멈추지 않았을까. 역시 아리아 민족 우월주의에 집착한 나머지,

인간 이하라고 여겼던 유대인 및 슬라브 민족을 어떻게든 매장해버리고 싶었기 때문이리라.

군국주의에 물들었던 일본 역시, 일본은 신의 나라이므로 결코 전쟁에 패하지 않는다는 자민족 우월주의에 빠져 이웃나라 국민들을 차별하고 학살했던 역사가 있다. 너무나도 엄청난 일은 말하기가 어렵다.

독일 내의 유대인들을 쫓아내는 것까지는 나치의 계획대로 이루어졌다. 침략만 하지 않았으면 히틀러가 최초에 그렸던 이상적인 상태였다. 그런데 침략해서 국토를 넓힐 때마다 당연히 유대인과 슬라브 민족의 수도 늘어갔다. 그들을 추방할 땅이 부족해진다. 그렇다면 없애버릴 수밖에 없다. 병참 등에 필요한 인원과 철도 등을 유대인 대량 이송에 할애했고, 귀중한 가솔린은 사람을 태우는 데 사용했다.

그렇다면 유대인과 슬라브인을 병사로 삼아 동부전선에 보내는 건 어떤가. 당시, 독일군 병사들 사이에서도 동부전선은 살아 돌아오지 못할 죽음의 전장이라는 암묵적인 인식이 있었다. 소모품 역할을 해줘야 할 병사의 수요가 늘고 있었다.

한국전쟁에 참전했던 중국 인민의용군은 징을 두드리면서 전진하는 인해전술을 썼다. 마치 좀비처럼 아무리 쓰러뜨려도 공격해오는 그들의 기세에 유엔군은 겁을 먹었다. 이때 총에 맞아 죽은 병사 대부분이 전 국민당 군대 소속이었던 포로들이었다. 총알받이 요원으로 취급되었던 것이다.

그들은 죽어야 한다

'그들은 죽어야 한다'는, 나치의 선전장관 괴벨스가 '이 표식이 보이면'이라고 제목을 붙인 반유대 캠페인 선전물에 쓰여 있었던 문장이다. 그들은 최악의 존재이므로 죽어야 한다는 뜻이다. '이 표식'이란 바로 '다윗의 별'이었다.

1941년 괴벨스가 시작한 반유대 캠페인 포스터 '이 표식이 보이면 유대인'

독일군은 독소전의 서막을 연 전투에서 승리하며 우크라이나 등을 점령했다. 소련의 곡창지대 우크라이나 사람들은 스탈린의 참혹한 곡물 수탈로 굶주림에 시달렸고, 스탈린을 비롯한 공산당 정권을 격렬하게 원망하고 있었다.

우크라이나인은 독일군을 해방군으로 여겼다. 악몽 같던 공산당 정권을 타도하기 위해 독일군에 참가하려는 이들마저 있었다. 독일군 입장에서는 잘만 하면 백만 명이 넘는 병력을 손에 넣었을지도 모른다. 하지만 독일군은 그들을 전력으로 등용하지 않고 핍박했다. 슬라브 민족, 그리고 유대인 절멸이 최우선 과제였기 때문이다.

독일은 원자폭탄 개발에서도 미국이나 영국보다 훨씬 앞서 있었다. 그러나 연구팀에서 유대인을 배제했다. 그 때문에 연구 수준이 낮아졌고 미국·영국에 따라잡히고 말았다. 히틀러가 원자폭탄 개발을 유대인의 과학이라 여겨 적극적이지 않았다는 설도 있다.

에른스트 하인켈Ernst Heinkel은 빌헬름 메서슈미트Wilhelm Messerschmitt와 더불어 독일을 대표하는 항공기 디자이너이다. 하인켈은 독일의 주력 전투기 메서슈미트보다 더 나은 전투기를 만들었고, 1939년에는 당시의 수준으로 세계 어느 나라보다도 빠르고 우수한 제트기 제작을 시도하기도 했다. 하지만 나치에게 냉대를 받았다. 만약 하인켈의 군용기가 채택되었더라면 전황이 달라졌을지도 모른다고 보는 이들도 있다.

하인켈은 조금이지만 유대인의 피가 흐른다, 용모가 전형적인 유대인이다, 나치 고관의 강압적인 명령을 거부했다 등의 이유로 냉대를 당했다고 한다.

어쨌든 나치 독일은 전쟁의 승리보다 유대인 배척을 우선했다. 근본적으로 유대인을 믿지 않았기 때문이다.

1차세계대전에서 독일이 패한 이유가 공산주의자와 유대인이 독일 내에서 혁명을 일으켜 전쟁을 방해했기 때문이며, 이는 곧 반역이라는 '배후의 일격'론을 히틀러는 굳게 믿었다. 그들은 틀림없이 배신할 거라는 편견이 마지막까지 영향을 끼쳤던 것이다.

그들만은 살려두지 않겠다

히틀러가 직업도 없이 빈둥거리던 젊은 시절에는 유대인 친구에게서 생계에 도움을 받았던 적도 있어, 그리 격렬한 반유대주의자가 아니었다. 오히려 유대인들과 사이가 좋았다는 증언도 있다(마이클 케리건Michael Kerrigan, 『히틀러: 괴물 뒤에 있는 인간Hitler: The Man Behind the Monster』, 2017).

그러나 반유대주의는 독일만이 아닌 유럽의 민중들에게 몇 세기 동안이나 곪아 있었던 고름과도 같았다. 히틀러는 이런저런 문제의 책임이 모두 유대인에게 있다며 집요하게 비난했는데, 뭐든 유대인 탓으로 돌린 것은 히틀러가 처음도 아니었다. 유럽 각국은 크든 작든 유대인 박해를 계속해왔다. 히틀러의 유대인 비난은 오히려 전통으로 되돌아간 것이라 해야 할지도 모른다.

히틀러는 나치당의 전신이었던 조직에 가입해, 적을 만들어서 철저하게 비난하는 연설 수법으로 두각을 드러냈다. 연설의 노골성으로 보자면 요즘 소셜 미디어에 만연한 혐오와 공격의 시초라 할 수 있겠다. 유대인 비난은 민중에게 가장 즉각적으로 와닿는 이야기이자 불만의 배출구였다. 이른바 포퓰리즘이다. 반유대주의는 당 세력 확장에 필수 요소였다.

매일같이 유대인 비난을 입에 올리는 동안 히틀러는 자신의 말에 취했다. 스스로 세뇌된 것이다. 유대인 배척·절멸이라는 과업은 마귀처럼 히틀러에게 들러붙었고, 자신들이 (설령 전쟁에서) 지더라도 '유대인만큼은 살려두어서는 안 될 존재'가 되고 말았다.

유대인 박해는 히틀러가 중지 명령만 내리면 즉각 끝날 일이었지만, 전황이 악화되는데도 히틀러에게 붙은 마귀는 그가 자살할 때까지 떨어져나가지 않았다.

히틀러에게 유대인 절멸은 인생의 목표 그 자체나 다름없었다. 만약 정말로 유대인이 모두 사라졌다면, 히틀러는 그로써 삶의 보람을 잃어버리지 않았을까. 환상통처럼 언제까지나 존재의 환영에 고통받았을지도 모른다. 유대인이야말로 히틀러에게는 '레종 데트르Raison d'être'(존재 이유)였다.

그러나 히틀러는 더 잔혹한 생각을 해낸다. 유대 민족의 문화를 포함해 흔적까지 완전히 소멸시킨 뒤, 당시 체코슬로바키아의 프라하 박물관에 유대 관련 자료 및 미술품을 보관할 작정이었다.

역사학자 엘리자베스 도만스키Elizabeth Domański는 말한다.

"유대인은 소멸된 뒤에 잊히는 것이 아니라, 오히려 영원히 남게 되었다. (중략) 영원한 죽음은 망각의 깊은 못에 가라앉는 대신, 박해자에게 고문처럼 영원히 기억되는 것이다."(로버트 베번, 『기억의 파괴: 전쟁 속의 건축』)

'영원한 유대인'이란 앞서 말했듯 '영원히 방랑하는 유대인'이라는 의미였지만, 이에 더해 히틀러에게는 '영원히 박해받는 유대인'이었다.

과거를 캐고 다니는 짓은 그만하라

홀로코스트를 실행했던 무장친위대, 국방군, 경찰대원 대부분은 전쟁 뒤에 처벌받지 않았다. 처벌 대상자 수가 너무나 많아(800만 명이라고도 한다), 그들을 모두 처벌하면 전후 독일의 재건은 바라기 어려웠다. 그리고 냉전이 심각해지면서 나치 색출에만 매달릴 여유가 없었다. 1950년대 서독의 수상 콘라트 아데나워Konrad Adenauer는

'과거를 캐고 다니는 짓은 그만하라'(이시다 유지石田勇治, 「연방 대통령의 연설과 상기 문화 連邦大統領の演說と想起の文化」, 『나치즘 홀로코스트와 전후 독일 ナチズム・ホロコーストと戰後ドイツ』, 벤세이출판勉誠出版, 2020)고 했다.

전 나치당원들은 아무것도 모른다는 얼굴을 하고서 전쟁 전의 직업으로 돌아갔다. 나치의 재판관이었는데도 그대로 판사 직무를 계속한 사람도 있었다.

하지만 1950년대 후반, 소련에서 석방된 전쟁 포로 중에 중범죄를 저지른 전 나치당원이 있었음이 드러나고, 비나치화에 성공한 동독에서도 서독의 사법부에 전 나치당원이 있다는 사실을 비판하는 움직임이 일어났다. 마치 급소를 찔린 듯이 독일 전역에서 나치 범죄 처벌에 대한 기운이 높아졌다.

결정적으로 1961년, 홀로코스트에 가담했던 나치 친위대 관료 아돌프 아이히만Adolf Eichmann의 재판이 이스라엘에서 시작되었다. 재판의 일부가 폐회로 텔레비전CCTV으로 중계되었다(이스라엘에서는 아직 일반 TV 방송이 시작되지 않았던 때였다). 영상은 당일에 미국으로 송신되었고, 다음날에는 미국 전역에 방영되었다. 미국군이 촬영한 절멸수용소 영상이 재판중에 공개되며 홀로코스트의 실태가 명확히 드러나자 전 세계가 충격에 빠졌다.

앞서 말한 바와 같이 법조계에마저 전 나치당원이 있었던 서독에서는 그때까지 범죄 소추에 소극적이었지만, 아이히만 재판으로 충격을 받은 뒤에는 홀로코스트에 관여했던 전 나치당원, 전 친위대원 등의 처벌을 재검토하기 시작했다.

전쟁중에 어린아이였던 사람도 전후 십수 년이 지나 성인이 되면 이런저런 일들을 알게 된다. 전 나치당원이었다는 사실을 숨기고 생활해온 아버지도 자신들의 전쟁범죄를 마냥 숨기기가 어려워진다. '아빠는 전쟁 때 뭘 했어?'라는 질문이 날아오기 때문이다.

1960년대 중반부터 세계적인 흐름을 타던 학생운동이 서독에서도 시작되었다. 어린아이들은 체제에 반항하는 학생으로 성장해 나치를 색출하기 시작했다. '가운 안에는 천년 묵은 곰팡이'(라인하르트 뤼루프Reinhard Rürup, 「나치즘의 오랜 그림자Der lange Schatten des Nationalsozialismus」, 『나치즘 홀로코스트와 전후 독일ナチズム・ホロコーストと戦後ドイツ』 수록)와 같은 표어가 등장했고, 나치를 찾아내는 과정에서 많은 가정이 붕괴되었다고 한다.

영화 〈한나 아렌트〉(마가레테 폰 트로타 감독, 2012)에 삽입된 아이히만 재판의 실제 중계 영상. 아이히만은 '사무적으로 처리했다'라는 말만 반복했다.

할아버지는 전쟁 때 뭘 했어요?

원래는 중범죄를 저지른 전범에게도 시효가 있었다. 그런데 15년에서 20년, 30년으로 차츰 시효가 연장되다가 1979년에는 결국 철폐되었다. 그러나 실제 전범으로 기소되었던 자들은 지극히 일부였다. 대부분은 도망쳤다고 한다. 독일 사법부에도 빠져나갈 샛길이 있었던 것이다.

1968년 학생운동의 기운이 높아진 가운데, 살인 등 범죄행위에 얽힌 젊은이들을 구한다는 명목으로 한 법률이 시행되었다. '질서위반시행법'(당시 독일 연방 사법부 형법부장 에두아르트 드레어Eduard Dreher가 초안을 잡았기 때문에 '드레어법'이라고도 불린다)으로, 살인죄에서 계획을 세우거나 명령한 경우는 모살죄謀殺罪, 남에게 명령을 받았거나 과실치사인 경우는 고살죄故殺罪로 나누고, 고살죄의 시효를 15년으로 한 법률이었다.

법률의 초안을 잡은 드레어는 전 나치당원으로, 나치 시대에는 검사였다. 전쟁 뒤에도 기소되지 않고 서독 법조계에서 살아남았다. 나치 시대에는 절도범에게 사형을 언도하는 등 이슬람 극단주의의 방식을 방불케 하는 판결도 많았던 인물이다.

따라서 이 법률은 학생운동에 휘말려 살인을 저지른 학생들보다는 나치 시대의 전쟁범죄자들을 구해줄 목적이었다. 모살죄에 해당하는 자는 히틀러나 힘러, 하이드리히 등 나치당의 수뇌부뿐이고,

다른 당원들은 모두 고살죄가 되었다. 게다가 전후 18년이 지났기 때문에 전쟁 전이나 전쟁중에 일어난 고살죄의 시효는 이미 끝났다. 전 나치 색출에 대응하는 전 나치의 역습이었다.

드레어법의 어둠을 폭로한 것은 페르디난드 폰 시라흐Ferdinand von Schirach의 법정 소설 『콜리니 케이스Der Fall Collini』(2011. 마르코 크로이츠파인트너 감독이 2019년에 영화화했다)였다. 저자의 성이 시라흐인 점에서 짐작하듯, 전 나치당원이자 히틀러유겐트 등 나치 독일 청소년 조직의 수뇌부였던 발두어 폰 시라흐Baldur von Schirach의 손자다. 발두어 폰 시라흐는 전후 뉘른베르크 재판에서 사형을 면하고 금고 20년 형을 받아 형무소에서 복역했다. 페르디난드 폰 시라흐는 할아버지가 출소했을 때 두 살, 사망했을 때는 열 살이었다. 그리고 훗날 나치의 전쟁범죄를 폭로하는 『콜리니 케이스』를 집필한다. 그야말로 '할아버지는 전쟁 때 뭘 했어요?'라고 단도직입적으로 묻는 소설이다.

『콜리니 케이스』는 어느 초로의 남자가 저지른 살인 사건에서 시작된다. 범인은 자수하지만, 동기는 말하지 않는다. 하지만 재판 과정에서 서서히 피해자의 과거가 폭로된다. 피해자는 전 무장친위대 장교였다. 그는 전쟁 말기의 이탈리아에서 파르티잔에 대한 보복으로 이탈리아인 학살을 지휘했다.

범인은 예전에 그를 전범으로 고발했지만, 드레어법의 벽에 부딪혀 기소하지 못했다. 이 사건은 보복 살인이었다.

『콜리니 케이스』가 발표되기 전까지는 이 법률의 허점이 지적된 바가 없었다. 소설 간행 몇 개월 뒤인 2012년 1월, 뒤늦게나마 독일 법무부 내에 '나치과거재조사위원회'가 설치되었다. 소설 한 편이 정치를 움직인 보기 드문 사례다.

불참한 사람은 당신인가?

새빌 럼리Savile Lumley가 디자인한 '아빠는 전쟁 때 뭘 했어?'라는 유명한 포스터가 있다. 모병 포스터의 시초로서, 비난하는 어조로 아빠는 1차세계대전에서 뭘 했느냐고 묻는다(1914). 전쟁중에 저지른 죄를 묻는 게 아니라, 전쟁에 참가하지 않은 죄를 묻는 포스터다.

1차세계대전은 전쟁 수행의 정당성과 국민의 희생을 필요로 했던 첫번째 대규모 전쟁이었다. 이를 위해 광고대행사가 프로파간다 전략을 담당했다. 이 대표 문구도 영국 캑스턴광고회사가 고안해냈다.

망설이는 기색이 역력한 아버지를 빤히 바라보는 딸. 딸의 손가락은 영국의 승리가 기술된 역사책을 가리킨다. 아들은 모형 대포와 군대를 가지고 놀고 있다. 지원하지 않으면 훗날 자녀에게 얼굴을 들지 못할 거라며, 아이들을 볼모로 삼은 협박이다.

이러한 협박형 포스터로 선수를 친 것이 알프레드 리트Alfred leete

'아빠는 전쟁 때 뭘 했어?' 포스터, 1914. 아빠를 책망하는 눈초리의 딸은 영국의 승리가 기술된 역사책을 펼치고 있고, 아들은 모형 대포와 군대를 가지고 놀고 있다.

위: 키치너 모병 포스터, 알프레드 리트, 1914
아래: 비틀즈의 〈서전트 페퍼스 론리 하츠 클럽 밴드〉
재킷, 피터 블레이크&잔 하워스, 1967

가 디자인한 '키치너 모병 포스터'였다(1914). 1차세계대전 당시 육군 원수였던 허레이쇼 키치너Horatio Kitchener는 당시 영국에서는 누구나 다 아는 유명한 군인이었다. 비틀즈가 〈서전트 페퍼스 론리 하츠 클럽 밴드Sgt. Pepper's Lonely Hearts Club Band〉(1967) 앨범 재킷에서 입고 있는 군복도 '나는 키치너 경의 하인이었다I was Lord Kitchener's Valet'라는 이름의 중고의류점에서 구입한 것이었다. 키치너는 빅토리아시대의 군인을 대표하는 인물이었기에 중고품 군복마저도 '키치너'라는 이름이 붙으면 권위가 실렸다.

존 불을 이미지화한 '(아직도 전쟁에) 불참한 사람은 당신인가?' 포스터, 1915

키치너는 정면을 바라보고 손가락으로 가리키며 '영국은 당신이 필요하다'라고 말한다. 심리적 압박은 크지 않지만, 개인에게 직접 호소하는 듯한 디자인에 가슴이 뜨끔하는 기분을 느끼게 된다.

결국 키치너 포스터는 많은 지원자를 모아 크게 성공했다. 고무된 영국 육군은 협박이 더 두드러지는 포스터를 만든다. 영국을 의인화한 존 불John Bull(영국 국기가 그려진 조끼와 프록코트, 중절모 차림에 배가 나온 중년 남자)이 정면을 가리키며 '(아직도 전쟁에) 불참한 사람은 당신인가?'라고 묻는다(1915).

당신이 필요하다

미국도 1차세계대전에 참전하기로 결정하면서, 키치너 포스터의 성공을 보고 완전히 똑같은 발상의 포스터를 만들었다. 미국인을 상징하는 엉클 샘Uncle Sam이 손가락으로 정면을 가리키며 '(미국 육군에는) 당신이 필요하다'라고 말한다(1917). 가슴을 뜨끔하게 만들겠다는 작전이다.

이 디자인은 2차세계대전과 베트남전쟁에도 사용되었다. 베트남전쟁 반대 운동의 기운이 높아지던 1971년, 붕대를 칭칭 감은 늙은 엉클 샘이 '나를 (전쟁의 수렁에서) 빼내 줘OUT'라며 등장했다. 비틀즈의 존 레논이 '혁명Revolution'이라는 곡에서 반체제 운동에 '뛰어들

위: 엉클 샘 포스터, 제임스 몽고메리 플래그, 1917
아래: 베트남전쟁 당시에 만들어진 엉클 샘 포스터의 패러디, 1971. 빈사의 미국이 도움을 구하고 있다.

2차세계대전 당시 미국에서 만들어진 협박형 포스터 '당신은 전력을 다하고 있는가?', 1942. 소매 끝을 보면 엉클 샘임을 짐작할 수 있다.

IN' 것이냐, '빠질OUT' 것이냐 고민했던 것이 떠오른다.

또한 2차세계대전 당시 미국은 '당신은 전력을 다하고(싸우고) 있는가?'(1942)라며 힐난하듯 표현한 포스터도 만들었다. 파란 바탕에 흰 별, 붉은 선을 두른 소맷부리를 보아 엉클 샘의 손가락일 것이다.

이렇게 손가락질로 추궁하는 협박형 포스터는 키치너 포스터 이후 각국에서 경쟁적으로 만들어졌다. 러시아혁명 당시의 내전에서

도 백군은 '왜 당신은 군대에 있지 않나?', 적군은 '적군에 지원했는가?' 하며 노려보았다. 양쪽 다 협박하는 분위기다.

독소전쟁이 시작되자마자 심리적 압박을 가하는 포스터가 몇 가지나 만들어졌다. 그중 하나로, 정면을 향해 손가락질을 하는 '당신은 전방에서 무엇을 했는가?' 포스터는 여러 비슷한 형태로 제작되었다.

또다른 하나는 이라클리 토이제 Irakli Toidze가 그린 '모국이 부른다!' 포스터다. 스탈린은 독소전쟁을 나폴레옹 보나파르트를 패퇴시킨 '조국전쟁'(1812)과 연결지어 '대조국전쟁大祖國戰爭'이라고 불렀다. 포스터는

위: 러시아혁명 당시 백군의 협박형 모병 포스터 '왜 당신은 군대에 있지 않나?', 1919
가운데: 마찬가지로 러시아혁명 당시 적군의 협박형 모병 포스터 '적군에 지원했는가?', 1920
아래: 독소전쟁을 위해 만들어진 포스터 '당신은 전방에서 무엇을 했는가?', 1941

독소전쟁 당시에 만들어진 '모국이 부른다!' 포스터, 1941

'어머니'와 '조국'을 동일시함으로써 '어머니(조국)를 지켜라'라는 함의를 전달했다.

푸틴 대통령도 이번 전쟁을 러시아에서 떨어져나가려는 우크라이나를 되찾는 일이라고 말하는 등 '대조국전쟁'을 의식하고 있다.

그들은 전쟁에 책임을 져야 한다

원래 손가락질을 잘했던 사람은 히틀러였다. 히틀러는 연설을 하며 반드시 적을 비난했기 때문에 손가락을 휘두르는 행동은 꽤나 효과적이었다. 그러다보니 모습이 드러나지 않는 라디오 방송에서는 어쩐지 기세가 꺾인 듯 보이기도 한다.

 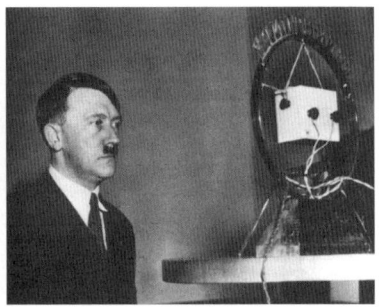

왼쪽: 1933년 2월 10일 '독일 국민을 향한 호소' 연설에서 손가락을 휘두르는 히틀러
오른쪽: 연설에 앞서 있었던 라디오 정견 방송에서의 모습. 히틀러는 청중 앞에서 더 큰 힘을 발휘하는 연설가였다.

위: 나치의 반유대 포스터 '그들은 전쟁에 책임을 져야 한다', 1943
아래: 루스벨트, 처칠, 스탈린의 배후에 어부지리를 차지하려는 유대인이 있다고 주장하는 나치의 캐리커처, 1941. 그러나 스탈린도 반유대주의자로 알려져 있다.

나치 독일이 독소전에서 밀리기 시작하던 시점에 만들어진 반유대 포스터 '그들(유대인)은 전쟁에 책임을 져야 한다'(1943)에는 초조함이 엿보인다.

그때까지 히틀러는 미국의 지도자는 전부 유대인이라느니, 루스벨트와 처칠, 스탈린 모두 유대인의 하수인이라느니 하며, 전쟁이 유대인의 음모라는 근거 없는 중상모략을 계속 쏟아내고 있었다. 이 포스터는 이제 참전한 나라들 간의 전쟁이 아니라 유대인과 벌이는 전쟁이 되었다는 뉘앙스를 강하게 드러낸다.

왼쪽: 독소전 패배가 이어지던 시기에 만들어진 포스터 '히틀러는 승리다!', 1943. 히틀러의 표정이 어쩐지 개운치 않다.
오른쪽: 패배를 거듭하던 시기, 공허하게 울리는 '전방과 후방에게—승리를 약속한다' 포스터, 1943

같은 시기에 만들어진 '히틀러는 승리다!'(1943)라는 포스터가 있다. 그때까지 나치가 수없이 외쳤던 문구지만, (패배해 도망치기 시작했던) 이 시기에는 허세로만 느껴진다. 공교롭게도 군복이 아닌 양복 차림에다, 신통력을 잃은 것처럼 시선도 힘없이 허공을 방황하는 모습이다.

나치 프로파간다 포스터의 주요 작가인 한스 슈바이처Hans Schweitzer가 그린 또다른 포스터 '전방과 후방에게―승리를 약속한다'(1943)도 거친 붓질이 오히려 승리를 텅 빈 것으로 보이게 한다.

슈바이처는 퇴폐예술전을 기획했고 유대인 혐오 포스터에도 다수 관여했지만, 전쟁이 끝난 뒤 벌금형을 받는 데 그치며 성공적으로 빠져나갔다. 다만 '괴벨스의 화가'라는 악명이 붙어, 극우 신문 등에나 일러스트를 그리는 등 활동에는 제약이 있었다.

나치의 또다른 포스터 작가로는 루드비히 홀바인Ludwig Hohlwein이 있다. 루치안 베른하르트Lucian Bernhard와 함께 '상품 포스터'[27]를 정착시킨 디자이너다.

그는 히틀러가 정권을 탈취하기 전이던 1932년, 독일 퇴역군인 조직을 겨냥한 모병 포스터를 그렸다. '그리고 당신은(어떻게 할 건가)?', 입대할지 말지 빨리 결정하라는 일종의 협박이다. 상품 포스

---

27 독일어로는 자흐플라카트Sachplakat. 상품과 로고타이프만으로 구성된 아주 단순한 디자인으로, 그 이후 광고 디자인의 기본이 된다.(글쓴이 주)

터에서 보이는 '(됐으니까 그냥) 사라'는 식의 발상과 똑같다.

나치의 정권 장악과 함께 나치당원이 된 홀바인은, 1934년까지 음영이 짙고 상징성이 두드러진 포스터를 그려 나치의 신비성을 높이는 데 공헌했다. 그뒤에는 국민들의 여가를 통제하기 위해 만든 복리후생조직 'KdF'[28]나 청소년 조직인 히틀러유겐트 및 독일소녀동맹 모집(1936년 말부터는 10~18세는 무조건 가입하도록 법으로 정했기 때문에 따로 모집하지 않았다) 관련 포스터를 디자인했다. 상징이 강하고 어두운 기존 화풍에서 웃음이 넘치는 밝은 작법으로 변모하였다. 그런 표현상의 변화 덕분인지, 슈바

28 Kraft durch Freude. '기쁨으로 힘을 얻는다'라는 뜻이다.(옮긴이 주)

'그리고 당신은?' 포스터, 홀바인, 1932

이처와 마찬가지로 나치의 화가였음에도 전후 처벌을 피했다.

히틀러는 어떤 사람인가?

히틀러는 1923년에 일으켰던 뮌헨 폭동이 실패로 돌아가자 쿠데타의 한계를 실감했다. 당시의 히틀러는 원래 알던 사람만 아는 정도의 인물이었다. 뮌헨 봉기 이후 한 주간지에서 '히틀러는 어떤 사람

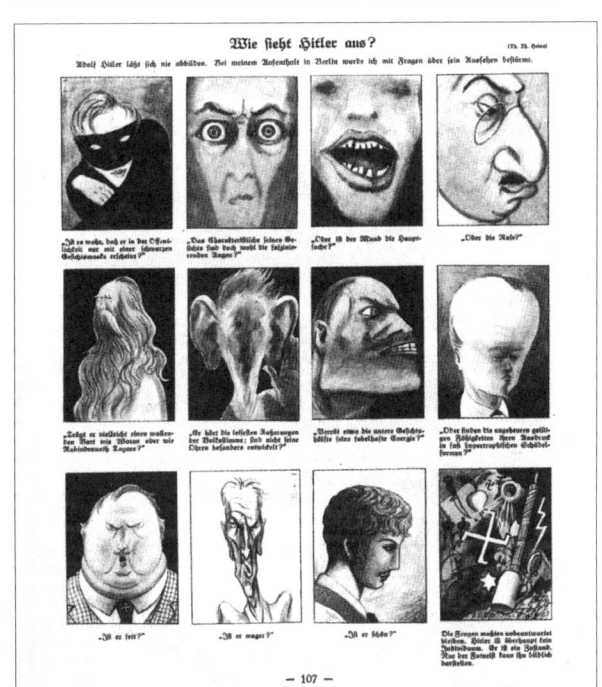

독일 주간지에 게재된 '히틀러는 어떤 사람인가?', 1923

인가?'라며 다양한 얼굴의 일러스트를 곁들여 야유 섞인 기사를 실었을 정도로 알려져 있지 않았다. 그런 인물이 갑자기 쿠데타를 일으켰으니 성공했을 리가 없다. 히틀러는 좁은 세계에서 대장 노릇을 하고 있었음을 깨달았다.

이때 히틀러는 대중의 지지를 얻는 정공법으로 정권을 장악해야겠다는 목표를 세운다. 다만, 겉보기에만 정공법이었고 폭력 장치로서 '돌격대'라는 총알은 남겨두었다. 방향을 전환한 나치당은 단순한 폭력 조직이 아닌 하나의 정당으로서 집권을 향한 정치 전략을 연마해나갔다.

2021년 여름에는 탈레반이 아프가니스탄의 권력을 장악했는데, 협박 외에는 해본 게 없는 집단이므로 그들도 지금쯤 국가 경영을 위한 행정 등에서 다양한 전문가가 필요함을 통감하고 있을 것이다.

어쨌든 나치당의 정치 전략이란 반反바이마르[29], 반마르크스주의, 반유대주의 등 온통 '반대'로 점철되어 있었다. 이것만으로 대중의 압도적인 지지를 얻기란 도저히 불가능하다. 이때 세계 공황이라는 대불황이 소용돌이쳤다. 히틀러에게는 엄청난 행운이었다. 눈앞에

---

29 여기서 '바이마르'는 독일이 1차세계대전에 패배한 1919년부터 1933년까지 존속된 바이마르공화국 체제를 가리킨다. 1919년 독일과 연합국은 평화협정으로 '베르사유조약'을 체결하는데, 이때 영토 반환, 전쟁배상금 지불, 군비 축소 및 무장 해제 등 독일에 대한 제재가 결정되었다. 막대한 전쟁배상금으로 인한 경제적 불안정, 체제 전환에 따른 혼란 등으로 독일 국민들의 반감은 점차 커졌고, 나치는 반反바이마르 체제(반反베르사유조약)를 부르짖으며 이를 교묘히 이용하다가 집권과 동시에 바이마르공화국을 해체했다.(옮긴이 주)

닥친 상황에 대한 대중의 좌절과 실망은 나치당이 부상해 세력을 키우는 요인이 되었다.

더러운 방법도 가리지 않던 히틀러는 1933년 권력을 장악하자, 독재 체제를 공고히 할 방안을 차례로 시행했다. 특히 신경썼던 부분은 국민들에게 '승인'을 얻는 것이었다. 승인만 받으면 모든 것이 허용된다, 불미스러운 일이 있어도 선거에만 당선되면 과오는 다 씻겨 사라진다고 호언장담하는 국회의원들의 원조라고도 하겠다.

위: 독일 노동전선 포스터 '노동자는 히틀러를 지지한다', 1933. 기존의 노동조합을 해산하고 노동전선을 만든 것이 나치였으니 그야말로 자화자찬이다.
아래: 히틀러 정권 탄생 이전인 1932년과 집권 뒤인 1936년의 영토를 비교해 나치의 공헌을 과시하는 '앞으로도 맡긴다, 히틀러!' 포스터, 1936

히틀러는 무슨 일이 있을 때마다 국민들에게 '승인'을 구했다. 그것도 '야(독일어 Ja, 영어로는 Yes)'라는 단어를 그대로 사용해 동의를 받아냈다. 민주적인 절차를 밟는 척했던 것이다.

국민들에게 지지받고 있음을 가장하기 위해, 정권 탈취와 동시에 노동조합부터 해산시키고는 나치의 어용 노동조합 '노동전선'을 결성했다. 그리고 포스터에 '노동자는 히틀러를 지지한다'라고 썼다. '(앞으로도) 맡긴다, 히틀러!'라는 포스터를 제작해, 정권을 잡기 전과 비교해서 4년 동안 얼마나 영토가 늘어났는지를 과시하기도 했다.

히틀러는 4개년 계획으로 군사 확장 및 전쟁을 향한 자급자족 체제 확립을 꾀했지만, 경기가 좋아지고 실업자가 줄어들기는커녕 노동력 부족만 현격히 드러났다. 이를 보완하려면 침략과 점령, 노예와 같은 강제 노동 외에는 해결할 길이 없다는, 본말이 전도된 과제에 직면하고 말았다.

모두가 말한다, 찬성이라고

1차세계대전 이후 체결된 베르사유조약으로 독일과 프랑스의 국경 지대에 있는 자르Sarr(현재의 Saarland) 지역은 1920년부터 15년 간 국제연맹이 관할했다. 관할 기간이 종료된 1935년, 주민 투표에서 독일 귀속이 결정되었다. 이때 독일 귀속을 촉구하며 나치가 만든 포스터가 '우리는 당신들을 위해 죽었다. 이를 배신할 작정인가?'이다. 1차세계대전의 독일군 전사자를 앞세운 협박이다.

앞서 말한 '야Ja' 포스터는 1938년 독일과 오스트리아에서 실시된 국민투표에서 등장했다. 나치 독일은 독일 민족을 지킨다는 (어디선가 들어본 듯한) 구실로 이웃 나라인 오스트리아 합병을 시도했는데, 그 찬반을 둘러싼 국민투표였다.

투표용지를 보면 '찬성Ja'을 기표하는 원이 '반대Nein'를 기표하는 원보다 훨씬 크다. 찬성을 강요하는 것으로 보일 정도다.

다양한 포스터도 있었다. 이미 기표된 투표용지의 '찬성'란을 가리키는 손가락과 'Ja!'라는 글자를 함께 넣은 포스터, 히틀러의 얼굴

1935년 국제연맹의 자르 지방 관할 기간이 종료되자, 이 지역이 귀속될 국가를 결정하는 주민투표가 시작되었다. 독일 귀속에 반대하는 움직임을 겨냥해 제작된 포스터 '우리는 당신들을 위해 죽었다. 이를 배신할 작정인가?', 1935

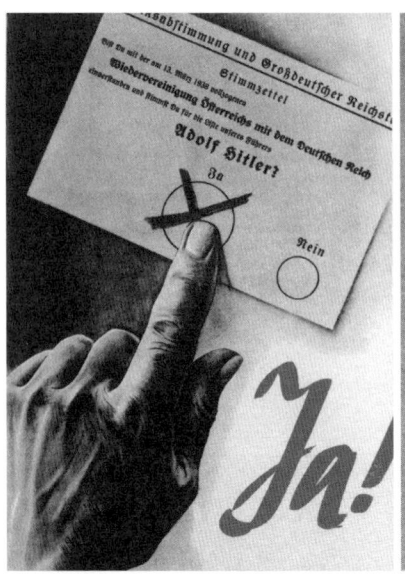

위 왼쪽: 투표용지의 '찬성'란을 가리키는 'Ja(Yes)!' 포스터
위 오른쪽: '총통을 지지한다면 Ja에 표시하자, 화살표가 가리키는 곳에 기입하자'
아래 왼쪽: '모두가 말한다, Ja!라고'
아래 오른쪽: '위대한 독일, Ja!'

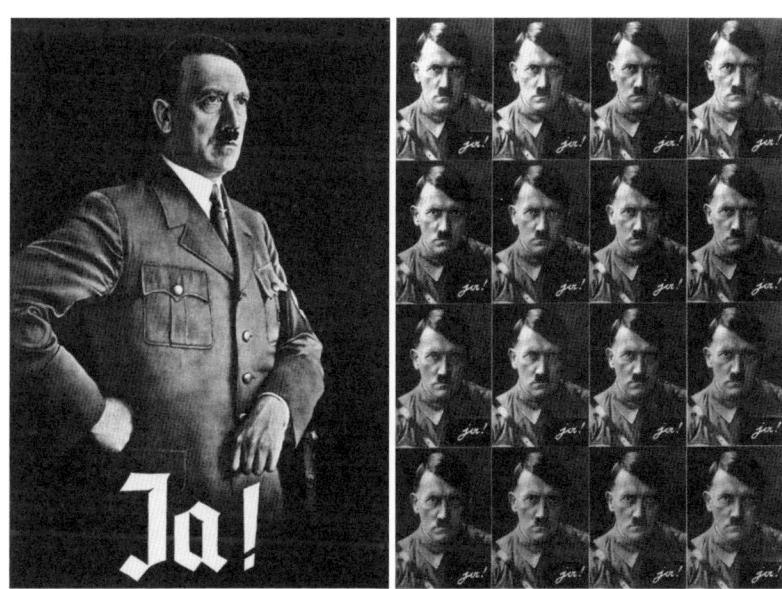

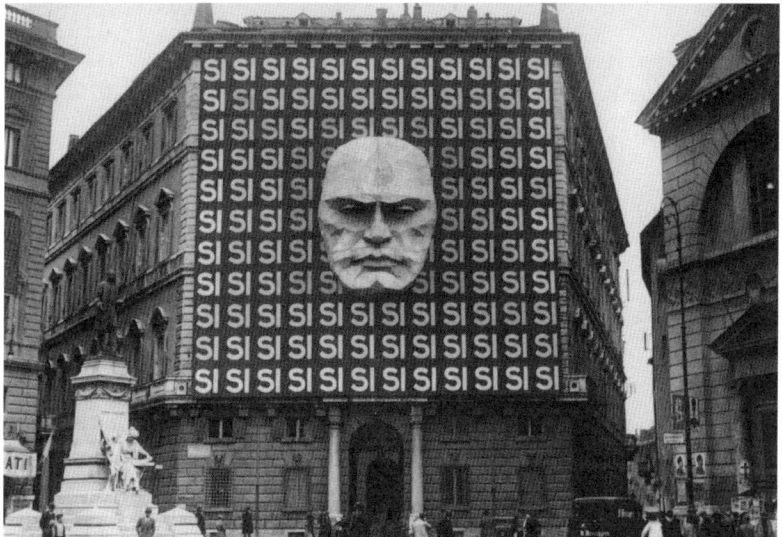

위 왼쪽: 오스트리아 합병 관련 포스터 'Ja!', 1938
위 오른쪽: 힌덴부르크 대통령 사후, 히틀러의 국가 원수 취임에 대해 찬반을 묻는 국민투표 포스터 'Ja! Ja! Ja!', 1934. 8. 19.
아래: 로마의 파시스트당 본부였던 브라스키 궁전에 설치된 무솔리니 입체 간판, 1934. 'Si(Yes)'로 가득 메워져 있다.

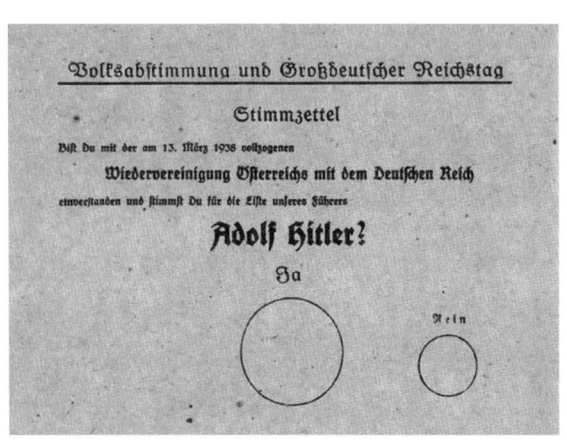

오스트리아 합병 찬반을 묻는 국민투표 용지, 1938. '찬성'란이 '반대'란보다 크다.

사진과 'Ja'에 기표한 투표용지를 함께 배치한 '총통을 지지한다면 Ja에 표시하자. 화살표가 가리키는 곳에 기입하자' 포스터, 나치식 경례를 하고 있는 사람들의 사진을 이용한 '모두가 말한다, Ja!라고' 포스터, 마찬가지로 나치식 경례를 하는 그림을 넣은 '위대한 독일, Ja!' 포스터, 군복을 입은 히틀러의 모습에 오직 'Ja!'만 쓰여 있는 포스터…… 그야말로 앞다투어 승인을 강요하는 꼴이다.

그 결과, 투표율 99%에 찬성은 98.8%라는, 독재자로서는 최고의 결과를 얻었다. 물론 결과만 좋으면 끝이니, 강요나 다름없었던 과정 따위는 전혀 개의치 않았을 것이다. 이런 상황에서도 1.2%의 반대가 있었다는 사실만은 특별히 언급해야 할지도 모르겠다.

승인 욕구가 강했던 건 히틀러만이 아니었다. 이탈리아의 무솔리니도 'Si'(영어로 Yes)를 연발했다. 히틀러는 정권 탈취 다음해인

1934년에 'Ja!'로 가득한 포스터를 만들었는데, 무솔리니도 파시스트당 사무실이 있던 건물 벽면에 자신의 안면 부조를 거대한 크기로 부착하고 그 주위를 'Si'로 도배했다. 이렇게 나열해보니 마치 요즘의 소셜 미디어에서 '좋아요'를 요구하는 것과 비슷한 느낌이 든다. 다른 말로 하자면, '좋아요' 수집에 광분했던 히틀러나 무솔리니나 모두 수렵채집민의 유전자를 이어받았다는 의미에서는 전통 회귀라고도 할 수 있겠다.

목숨은 깃털보다 가볍다

심리적인 압박의 대표격은 예나 지금이나 언어폭력이다. 요즘 표현을 빌리자면 '말로 때리기'라고 할까. 세계적으로 보아도 소셜 미디어에서 욕설과 모함에 시달리다 자살하는 사람이 적지 않다. 그 정도로 말에는 강한 힘이 있다.

태평양전쟁 당시 일본의 표어 중에는 정말로 생사를 갈랐던 것도 있었다. '(몸을 내던지며) 충성을 다해 나라를 지킨다尽忠報国' '한목숨 바쳐 나라를 지킨다一死報国' '미련 없이 기쁘게 산화할 각오心残りなし、万歳で散る覚悟' 등은 잔혹하게도 죽음을 찬미한다. 그냥 흘려들으면 저게 무슨 해를 끼치나 싶겠지만, 사마천司馬遷에게서 인용한 '목숨은 깃털보다 가볍다'라는 문장은 단순한 표어가 아니라 주저 없

이 사지로 뛰어들게 하려고 제멋대로 갖다붙인 세뇌의 말이었다. 뒤에 서술할 이슬람 극단주의의 '천국 이야기'와 별 차이 없는 협박 문구다. 태평양전쟁 당시, 병사 목숨의 가치는 소집 명령서의 우표 값에 지나지 않는다고도 했다. 참담하지만 실제로 그랬다.

이렇게 목숨을 가볍게 여기는 말을 마음속에 돌덩이처럼 집어넣고는, 공포심을 줄이기 위해 출격 전 특공대원에게 각성제 '필로폰'[30]을 주사했다는 이야기도 있다. '야쿠자의 총알'(암살자를 가리키는 별명. 가서 돌아오지 않는다는 뜻)도 기세를 올리기 위해 각성제를 맞고 범행을 저지른다고 한다. 특공대원과 '야쿠자의 총알'의 처지가 가혹하기로는 별 차이 없었던 것이다.

---

30 필로폰은 전쟁 전부터 이미 흥분제나 각성제로 팔리고 있었다. 피로가 '퐁' 하고 풀린다는 뜻의 이름이다.(글쓴이 주) 일본어로 '피로'라는 단어는 '히로'라고 발음한다. 한국에서도 속어처럼 쓰이는 필로폰의 일본식 표현 '히로뽕'은 이때 생겨났다.(옮긴이 주)

전쟁 전부터 있었던 필로폰 광고

각성제는 나치 독일 공군에서 먼저 쓰기 시작했지만, 미군도 2차 세계대전과 베트남전쟁, 걸프전쟁에서 각성제나 마리화나를 병사들에게 계속 사용했던 것으로 보인다.

일본에서 필로폰은 국화꽃 문양이 각인된 초콜릿, 담배, 술 등에 주입된 형태로 지급되었고, 때로는 직접 주사를 놓았다고 한다. 술의 이름은 '겐키슈'[31]였다.

일본 대본영은 독일의 승리를 믿으며 이길 가망이 없는 전쟁에 매진하는 커다란 죄를 지었다. 그들은 망국의 길이었던 '일억 총특공'[32]에 모든 걸 걸었다. 전원 특공을 부르짖었던 우가키宇垣 중장은 일본의 항복을 고했던 천황의 '옥음' 방송 직후, 특공이라는 이름 아래 제멋대로 부하를 데리고 자폭 공격에 나섰다. 그가 출격할 때 "혼자 죽어!"라고 외친 호기로운 정비사도 있었다고 한다. 목숨은 깃털보다 가볍다.

전쟁이 끝나고 대량으로 남은 필로폰은 시중에 유출되었다. 그리고 1951년 각성제단속법이 제정될 때까지 무수한 필로폰 중독자를 낳았다. 인간을 좀먹은 전쟁의 죄는 전쟁이 끝나도 계속되었다.

'약(각성제)을 그만하겠습니까? 아니면 인간이길 그만하겠습니

31　元気酒. '기운을 북돋는 술'이라는 의미이다.(옮긴이 주)

32　一億総特攻. 2차세계대전 말기에 패전의 기운이 뚜렷해지자, 일본 국민 일억 명이 모두 결사 항전하자며 내걸었던 구호.(옮긴이 주)

까?'라는 문장은 1980년대 일본 광고에서 빈번하게 흘러나왔던 각성제 퇴치 캠페인 문구 중 하나다. 역 구내에도 이 문구가 들어간 포스터가 붙어 있었다. 꽤나 자극적이어서, 마음에 꺼림칙한 데가 있는 사람은 강한 심리적 압박을 느꼈을 것이다.

하지만 약물 의존은 틀림없는 병인데 '인간이길 그만하겠습니까?'라며 인격을 부정하는 것은 인권 차원에서 문제가 된다 하여, 2017년에 이 문구는 사용이 금지되었다.

살아서 포로의 치욕을 당하지 말라

커다란 죄과를 남긴 표어가 또하나 있었다. '살아서 포로의 치욕을 당하지 말라'이다.

살상 무기를 지닌 인간은 반드시 부패한다는 사실을 보여주는 전형적인 사례가 군대이다. 중국전선(중일전쟁)에서 '황군'이라 추켜세워지던 일본 병사들은 중국인에게 불법

육군 대신 도조 히데키가 전 육군에 전달한 전장 수칙. 1941. 포로가 될 상황이면 자결하라는 교시가 담겨 있다.

적인 잔학 행위를 가했다. 일본 육군은 이를 억제하기 위해 1941년 당시의 육군 대신(장관) 도조 히데키東條英機의 이름으로 '강기숙정'[33]이라는 훈령을 전 병사들에게 전달한다. 굳이 주의를 주어야 할 정도로 병사들의 행태가 지독했던 것이다. 이 훈령 안에 표어 '살아서 포로의 치욕을 당하지 말라'가 들어 있었다.

이 표어는 패색이 짙어진 태평양전쟁 후반에 위력을 발휘했다. 동남아시아의 전투에서는 많은 병사가 포로가 될 상황에서 죽음을 선택했다.

오키나와에서는 '군민일체軍民一体의 전투 협력'이라는 일방적인 표어 아래 많은 주민들이 징용되었다. '살아서 포로의 치욕을 당하지 말라'가 기본이었으니 투항도 허락되지 않았다.

한편에서는 차별 의식이 발동한 일본군 병사들에게 스파이로 의심받아 살해당한 주민도 많았다. 최근에도 오키나와 미군기지 건설 경비로 파견된 오사카부 경찰기동대원이 건설에 반대하는 주민을 향해 "이 미개인!"이라는 말을 내뱉었다. 차별 의식은 아무리 시간이 지나도 없어지지 않는다.

패전이 다가오자 자결한 일본군 수비대 우시지마牛島 중장의 마지막 메시지에도 이 표어가 담겨 있었다. 표어를 맹신한 패잔병들은 많은 주민들을 살해하거나 그들에게 자결을 강요했다. 심지어

---

33 網紀肅正. 나라의 법과 풍속에 대한 규율을 엄중하고 바르게 한다는 뜻.(옮긴이 주)

자신의 가족을 제 손으로 죽이는, 잔혹하다는 말로도 다 하기 어려운 상황도 있었다.

이렇듯 무고한 민간인들이 희생된 오키나와 작전을 처음 제안했던 대본영 참모 중 한 사람은 전쟁 뒤 '작전은 성공했다'라고 술회했다. 그러면서 '미군의 일본 본토 침공을 조금 늦추었으니까'라는 이유를 댔다고 한다. 정말로 전쟁은 게임에 불과한가. 죽음은 깃털보다 가볍다. 오키나와 주민들은 '버림돌'[34] 취급을 당한 것이다.

국책에 따라 만주로 이주해야 했던 개척민도 '버림돌'이라 할 수 있다. 소련의 침공이 시작된 만주에서 관동군은 민간인을 구하지 않고 도망쳐버렸다. 여기에 어떤 변명이 있을까.

개척민은 중국인에게 침략자라 비난받고, 소련군에게 쫓겨야 했다. 이들을 구해주어야 할 일본군마저 도망쳐, 결국 집단 자살을 택할 수밖에 없었던 사람들도 있었다. 오로지 살아남기 위해 중국인에게 노동력으로 팔려간 아이들도 있었다. 전쟁 뒤 그들은 '중국 잔류 고아'라 불렸다.

일본은 이 전쟁 이후, 자국민조차 구제하지 않는 나라가 되고 말았다.

---

34 捨石. 바둑 용어로, 더 큰 이득을 노리고 일부 돌을 일부러 잡히게 만드는 전략, 혹은 그 돌을 일컫는다. 한자 그대로 '사석'이라고도 하는데, 죽은 돌을 뜻하는 '사석死石'과 구분할 때는 '버림돌'이라고 한다.(옮긴이 주)

군인 중에 누군가가 반란을 일으키지 않을까

〈에너미 앳 더 게이트〉(장자크아노 감독, 2001)는 2차세계대전 당시 독소전의 최대 격전지 중 하나였던 스탈린그라드전투(1942~1943)의 저격병들을 그린 영화다. 여기에는 충격적인 장면이 나온다. 돌격했다가 도망쳐 돌아오는 자국 병사를 향해 소련군 장교가 "돌아오지 마!" 하고 소리치며 총을 쏘아 죽이는 장면이다. 이게 진짜라면 최악의 군대구나 싶겠지만, 실제로 스탈린은 이런 명령을 내렸다.

독소전은 서로 간에 막대한 손실을 낳았다. 섬멸전이라고 할 수 있을 정도로 잔혹한 싸움이었다. 애초에 스탈린의 실책이 없었더라면 독일군이 단숨에 모스크바 인근까지 진격하지도 못했을 것이다.

스탈린은 독재자들이 흔히 그렇듯 '누군가 반란을 일으키지는 않을까' '만약 반란이 일어난다면 군인이 일으키지 않을까' 하는 강한 의심과 망상에 사로잡혀 있었다.

그리고 러시아혁명 후의 내전에서 공훈을 세웠는지를 따져 군인들을 닥치는 대로 숙청하기 시작했다(1937년). 숙청은 일반 당원에게까지 미쳤고 지도층은 거의 절멸되었다. 대부분은 앞서 언급했던 '제5열'(독일 혹은 일본의 스파이)로 몰려서 굴욕을 당한 끝에 처형되었다. 아마도 대부분 무고한 죽음이었을 것이다. 한편으로는 철저하게 공포정치를 하려고 본보기로 삼았다는 설도 있다.

이런 짓을 저질렀으면 보통은 천벌을 받으리라 생각하겠지만, 스탈린은 뇌졸중으로 병사했다. 다만, 바로 발견되었더라면 살았을지도 모른다. 스탈린의 침실은 완전히 격리되어 있었기 때문에 쓰러진 상태에서 발견이 늦었다. 수면을 방해했다가 벌을 받을까 두려웠던 호위병, 스탈린 사후의 권력 관계 외에는 관심이 없었던 측근 등 스탈린의 부덕함이 드러났으니, 이것이 벌이라면 벌일지도 모르겠다.

스탈린의 대숙청으로 소련군은 약화되었고 사회·경제 상황도 혼란스러워졌다. 숙청을 담당했던 내무인민위원부NKVD의 대부분도 이 혼란에 책임을 지고 1938년에 숙청되었다. 숙청과 무관했던 사람은 스탈린 자신뿐이었다.

대숙청은 독소전이 시작되기 약 1년 반 전의 일이었다. 소련군은 전쟁 체제를 제때 갖추지 못해 첫 전투부터 패배했다. 게다가 스탈린은 독일이 침략해올지도 모른다는 사전 정보를 믿지 않았다. 부하조차 믿지 않았기 때문이다.

한 발짝도 물러서지 마라!

스탈린은 이런 실책을 덮으려 했는지, 스탈린그라드전투가 시작되고 1개월 뒤인 1942년 7월 소련 국방인민위원회령 제227호, 통칭 '한 발짝도 물러서지 마라!'를 발령한다. 주로 장교들에게 해당되는 내용으로, 전투에서 퇴각하면 군사 법정에 회부해 총살하거나 생존 확률이 낮은 형벌 부대로 보내겠다는 명령이었다. 영화 〈에너미 앳 더 게이트〉에서 상관이 도망쳐오는 병사를 쏘았던 이유도, 쏘지 않으면 자신이 죽기 때문이었다.

포로가 되어도 마찬가지였다. 운 좋게 도망쳐 돌아오더라도 국가의 반역자 취급을 받아, 형벌 부대나 극한의 추위가 몰아치는 수용소로 끌려갔다. 살아남기 힘든 지뢰 제거 부대로 가기도 했고, 최악의 경우는 총살이 기다리고 있었다. 이러나저러나 죽음의 최전선으로 가야 했다.

'한 발짝도 물러서지 마라!' 기념 우표

스탈린은 포로 신세가 된 자신의 아들 야코프마저도 외면했다. 부하들 앞에서 본을 보이려던 게 아니라, 원래 스탈린은 야코프에게 냉담했다. 독일군은 '스탈린의 아들도 살아 있으니 죽을 필요 없다'라는 전단지를 뿌리며 야코프를 이용하려고 했지만, 전단지를 본 스탈린은 '나를 곤란하게 하려고 일부러 포로가 되었다'며 아들을 비난했다고 한다. 그러고는 가족도 같은 반역자로 몰아 야코프의 아내는 수용소로, 야코프의 아들인 자신의 손자는 고아원으로 보내버렸다. 이토록 비인간적인 짓이 또 있을까. 반유대주의자 스탈린으로서는 야코프의 아내 율리아가 유대인이라는 사실이 참기 어려웠던 것이다. 유대인은 물론, 유대인과 결혼한 사람도 믿지 않았다. 그래서 율리아의 전 남편을 죄명도 불분명한 상태로 체포했

독소전 초기에 독일군이 소련군 장병들에게 뿌린 전단. 1941. '스탈린을 위해 피를 흘리지 마라! 그는 이미 사마라로 도망쳤다! 그의 아들도 투항했다! 스탈린의 아들이 살아 있으니 여러분도 목숨을 내던지지 마라!'라고, 야코프가 포로가 되었음을 알리고 있다.

고, 아들 야코프마저도 믿지 않았다.

다만, 야코프가 포로수용소에서 자살이나 다름없는 죽음을 맞았을 때는 스탈린도 낙담해, 야코프의 아내를 수용소에서 석방한 뒤 때때로 돈을 보내주었다고 한다. 스탈린의 몇 안 되는 인간적인 일화다.

앞서 말했듯 독소전의 첫 전투에서 소련이 고전했던 이유도 따져보면 스탈린의 실책에서 시작되었는데, 그 책임은 전적으로 병사들이 짊어진 꼴이 되었다.

형벌 부대에 보내진 공군 병사들도 전사할 때까지 집요하게 출격을 명령받았다고 한다. 일본군 특공 역시 '반드시 죽어서 돌아오라'라는 불합리하기 그지없는 명령과 함께 출격했다. 악천후나 전투기 고장으로 귀환해도 죽을 때까지 다시 출격해야 했다. 역시 인간성을 버려야 전쟁 따위를 할 수 있다. 아니, 전쟁이 사람을 사람 아닌 존재로 만든다.

스탈린 개인은 벌을 받지 않았다. 그러나 스탈린 사후 3년 만에 니키타 흐루쇼프Никита Хрущёв가 숙청에 대한 단죄까지 포함한 '스탈린 비판'을 당 대회에서 발표하면서, 소련은 물론 전 세계 공산국가에서 격렬한 지각변동이 시작된다. 비판의 내용은 '흐루쇼프 보고'라는 제목으로 복제 금지 및 반환 필수라는 조건이 붙어 소련 내의 모든 공산당 지부에 송부되었다. '붉은색' 표지의 팸플릿으로 알려져 있다.

소련의 포스터 '독일군은 묘지로 전진!', 1943. 하켄크로이츠는 캐리커처 작업에 딱 좋은 재료였다.

스탈린의 제227호 명령 이전, 독소전이 처음으로 겨울을 맞이했던 1941년 12월에 히틀러도 독일군 수뇌부의 반대를 누르고 '사수死守' 명령을 내렸다. 자신의 명령 없이 퇴각해서는 안 된다는 것이었다.

독일군은 결속이라고는 없는 소련군 덕분에 결국 형세를 만회했다. 하지만 히틀러는 자신의 사수 명령 덕분이라고 착각했고, 이후의 전투에서도 자신의 명령은 절대적으로 옳다는 주장을 장군들에게 밀어붙였다. 비극의 시작이었다(오키 다케시, 『독소전쟁』).

유대인에게 다음 사항을 금지한다

스베틀라나 알렉시예비치Святлана Алексіевіч의 『전쟁은 여자의 얼굴을 하지 않았다У войны не женское лицо』(1985)[35]에는 독소전을 겪은 한 유대인 여성의 이야기가 실려 있다. 전쟁 초기 독일군에게 점령된 우크라이나 마을에서 일어난 일들이었다.

독일군은 즉각 지독한 유대인 차별을 시행했다. 이전까지는 마을에서 '유대인 놈'이라는 말을 들은 적이 없었는데, 본심이 어떻든 마을 주민 대부분이 아무렇지 않게 '유대인 놈'이라 내뱉기 시작했

---

35 문학동네, 2015

다고 한다.

　독일군의 포고에는 '유대인에게는 다음 사항을 금지한다. 보도를 걷는 것, 미용실에 가는 것, 상점에서 뭔가를 사는 것, 웃는 것, 우는 것'(알렉시예비치, 앞의 책)이라고 쓰여 있었다. 즉, 무엇을 하더라도 규칙 위반이다. 집안에서 조용히 있는 것만이 허락되었다.

　어느 부부는 평소처럼 외출했다가 포고 위반으로 사살되었다. 이 부부의 딸은 검은 머리가 아니라 금발이어서 유대인 같아 보이지 않았기 때문에 고발당하지 않고 마을에서 도망칠 수 있었고, 결국 파르티잔이 되었다(알렉시예비치, 앞의 책). '겉모습'이 생사를 가를 정도로 중요했던 것이다.

쉿!

　2차세계대전부터 전후에 걸쳐 활동했던 니나 바톨리나Нина Ватолина라는 소련 화가가 있다. 전쟁중에 바톨리나가 그린 여성들은 모두 붉은 스카프로 머리를 감싸고 있다.

　작품 중에 한 여성이 '쉿' 하고 입술에 손가락을 대는 그림이 있다. '지껄이지 마라! 경고한다. 벽에도 귀가 있다. 쓸데없는 말은 반역의 첫 걸음'이라는 문구가 함께 쓰여 있는 포스터다.

　공산권에서 이와 같은 포스터는 정보 통제의 일환으로 매우 일반

바톨리나가 그린 독소전 당시의 정보 통제 경고 포스터 '지껄이지 마라!', 1941

적이었다. 독재체제나 공산권에서는 기본적으로 국민을 믿지 않는다. '국가 기밀을 누설하지 말라' '스파이일지도 모르니 조심하라!'라고 한다. 하지만 애초에 누설해서는 안 될 정도의 기밀을 평범한 국민이 알 기회나 있을까.

일본에서는 이런 '쉿' 포스터가 만들어지지는 않았지만, '스파이 조심' '군사 기밀을 누설하지 말라'라는 표어는 있었다.

애니메이션 〈이 세상의 한구석에〉(가타부치 스나오 감독, 2016)에

왼쪽: 소련 시대 아제르바이잔의 경고 포스터, 1942
오른쪽: 폴란드의 경고 포스터 '국가 기밀을 지켜라', 1951

서는 주인공 스즈가 언덕 위에서 구레항吳港을 스케치하려는데, 헌병으로 보이는 병사들이 와서 즉각 잡아가려 하는 장면이 나온다. 구레는 군항이기 때문에 국가 기밀이다. 이처럼 자신도 모르는 사이에 국가 기밀을 접하는 경우는 있었지만, 지금과 같은 소셜 미디어 시대가 아니므로 굳이 그럴 마음이 없으면 기밀을 접할 일도 흘릴 정보도 없었다.

그런데 바톨리나가 그린 소련의 '쉿' 포스터는, 겉으로는 국가 기밀을 누설하지 말라, 스파이를 조심하라는 것처럼 보이지만, 실제로는 스탈린과 현 체제를 비판하면 돌이킬 수 없으므로 함부로 말하지 말라, 다들 뒤에서 듣고 있다는 의미였다. 즉, 스탈린 비판을 사전에 막으려는 경고이자 협박 포스터였다.

그래서 스탈린 험담은 단 둘만 있을 때로 한정되었다. 세 명이 있으면 세번째 사람이 밀고하기 때문이었다(알렉시예비치, 앞의 책).

모든 국민은 순교 훈련을 받아야 한다

2021년 8월 이슬람 극단주의 집단 탈레반이 아프가니스탄을 장악했다. 탈레반은 마약 사업으로 활동 자금을 얻었을 뿐만 아니라, 자신들의 뜻에 맞지 않는 사람을 살해하고 재산을 강탈했으며 여성의 인권을 유린해왔다. 종교의 이름만 빌렸을 뿐, 명백한 불법 집단이 국가를 선언하고 다시 통치하기 시작한 것이다. 상식적이라면 다시 통치를 시작하기 전, 적어도 이전 5년의 통치 기간 중에 있었던 불법 행위, 최근 20년 동안 범했던 무차별 테러에 대한 보상이 먼저일 것이다.

탈레반이 말로는 여성의 권리를 지키겠다고 하지만, 어떻게 해석해도 무방한 이슬람 율법(샤리아)의 범위 내에서 지키겠다고 하니 최소한의 여성 인권마저 위험해졌다. 20년 전 여성의 권리를 침해했던 '권선징악부'라는, 듣기에도 무시무시한 종교경찰기관을 부활시킨 것에 대해서도 우려가 높아지고 있다.

탈레반은 정권 탈취 직후, 수도인 카불의 미용실 앞에 커다랗게 붙어 있는 여성의 얼굴 사진에서 눈과 입 부분 등을 시커멓게 칠해버렸다. 얼굴을 아예 시커멓게 칠한 것도 있었다. 탈레반의 말단 병사가 흥분해서 저지른 짓인지도 모르겠으나, 탈레반이 여성에게 보내는 경고로 보아도 무방할 것이다.

탈레반은 여성을 독립적인 인격체로 보지 않는 너무나도 전근대적인 사고방식을 지니고 있지만, 그들과 다른 관점은 모두 서구의

권선징악부 간판

가치관이라며 모조리 부정하기 때문에 설득할 도리가 없다. 그러나 여성 인권을 포함한 '기본적인 인권'은 서구의 가치관이기 전에 인간으로서 당연한 권리이며 종교보다도 우선한다. 아무리 되풀이해 봐야 소용없는 말일지도 모르겠지만.

탈레반은 '모든 국민은 순교 훈련을 받아야 한다'며, 자폭 테러범으로 키워진 신학교의 순교 지망자들이 힘을 과시하고 적대 집단을 견제할 기회로 시가행진을 열어주었다. 표어는 '사천만 총특공'이었다. 너무나도 공포스럽다.

순교(자폭) 지망자에 관한 다큐멘터리를 본 적이 있다. 그들은 죽으면 천국에 갈 수 있고, 그곳에서 많은 여자들이 자신을 기다린다고 진심으로 믿고 있었다. 섹스 의존증인가 싶은 이 이야기가 도시전설이 아니라는 사실이 충격적이었다. 누가 처음 이야기하기 시작했

아프가니스탄의 한 미용실 입구.
눈과 입이 시커멓게 칠해진 사진.
2021. 8. 19.

탈레반이 지배하는 아프가니스탄 국영 TV 'RTA'가 방영한 탈레반 순교 지망자들의 행진, 2021

는지는 모르겠으나, 이들에게 천국은 하렘이었다. 이제 막 자식이 태어났는데도 순교할 차례를 기다리는 남자도 있었다. 종교적 신념으로 자폭하려는 게 아니라 '하렘 천국'에 가고 싶은 것뿐인가 하는 의심이 든다.

자폭 테러범에게 죽임을 당한 사람들도 천국에 가면, 천국에서 피해자의 복수가 시작되지 않을까. 아니면 각자의 형편에 맞는 다양한 천국이 있어 피해자와 가해자가 만나지 않는 시스템이라도 갖추어져 있는 걸까. 완전히 동어반복에 불과하지 않은가.

합리적인 설명을 요구하려고 들면 불신자로 비난받을 뿐이다. 어쨌든 천국은 남성들만 갈 수 있다는 말이다. 여성 중에도 자폭 테러범이 있다. 대개는 전쟁에서 남편을 잃은 여성들이다. 천국에 있을 곳 없는 여성들은 계속 떠돌아다닐 수밖에 없다. 남존여비의 어둠은 어디에서나 계속된다.

샤리아를 위반하는 자는 용서하지 않는다

이토록 여성을 옥죄는 계율에 의문을 갖지 않는 여성 이슬람교도들도 많다. 포기한 것이 아니라 '원래 그렇다'라고 생각한다. 이런 규칙은 못 참겠다고 항의 의사를 드러내면 바로 죽음에 내몰린다. 요즘 말로 하자면 미소지니misogyny(여성혐오), 페미사이드femicide(여성살해)다.

최근 일본에서도 전철 안에서 행복해 보이는 여성을 죽이고 싶다며 흉기를 휘두른 사건이 있었다. 전 세계에서 페미사이드는 적지 않게 일어난다. 이슬람 극단주의자, 튀르키예군, 시리아군, 러시아군 등 수없이 많은 자들이 저질렀다. 훗날 노벨평화상을 수상한 말랄라 유사프자이Malala Yousafzai도 여성 교육 금지에 반발하는 글을 투고했다가 이슬람 극단주의자의 총격을 받았으나 다행히도 목숨을 건졌다. 우리가 당연하게 여기는 생각은 서양의 사상이라며 내팽개치는 이들의 짓이다.

이슬람 극단주의의 발상에는 나치즘, 스탈린주의, 마오이즘, 그리고 푸틴 사상과 통하는 불순분자·일탈자 배제가 잠재해 있다. 즉, 아군이냐 적(불순분자)이냐 하는 이분법이다. 애매한 영역이 있으면 모두 적으로 간주한다. 그리고 용서 없이 무자비하게 배제한다. 어찌나 조직적인지, 강제수용소에서 유대인의 생사를 선별했던 나치들이 떠오를 정도다. 그것이 바로 전체주의·전제주의다.

나치는 아리아 민족에게 유익하지 않은 것, 특히 유대 민족과 관련된 것은 예술까지도 포함해 뭐든 철저하게 배제하려고 했다. 그 끝에 홀로코스트가 있었다. 스탈린은 사회주의에 공헌하는 작품만을 예술로 인정하고 추상표현은 허락하지 않았다. 자신의 권력 유지에 도움이 되지 않는 인간은 충성스러운 부하마저도 숙청했다. 마오쩌둥은 자신의 권력 유지에 방해가 되는 인간, 자신에게 의견을 말하는 인간은 설령 전우라 해도 숙청했다.

최근 중국의 시진핑習近平은 사회주의적인 가치관으로서 '올바른 문화'를 주창하기 시작했다. 무엇이 '올바른' 것인지를 결정하는 사람은 시진핑이다.

이슬람 극단주의는 7세기의 예언자 무함마드의 가르침에 유추를 더하지 않고 글자 그대로 해석하려 하지만, 7세기 문언이기 때문에 해석이 몇 가지로 갈린다. 그런데 자신들과 조금이라도 달리 해석하는 사람이나 종파는 폭력으로 배제하거나 개종시키려고 한다.

지금 푸틴 대통령도 자신과 다른 의견을 배제하고 어처구니없는 논리로 침략을 정당화하는 등 독재자 특유의 행동을 그대로 보여주고 있다. 적을 '나치'라 비난하면서 '나치'와 똑같은 만행을 일삼는다.

다양성과는 정반대로, 철저하게 동질적인 것을 추구하는 태도는 대립을 낳는다.

지금 소셜 미디어에서도 불순분자·일탈자는 용서치 않겠다는 말이 판을 친다. 소셜 미디어는 분명 인류에게 대단히 유익한 소통 도구지만, 약간의 악의로도 무너지기 쉽다. 근대적 가치관이 세상에 자리를 잡아도 인간은 변하지 않는 걸까. 역시 인류 공통의 언어는 악의어린 말을 비롯한 '폭력'임에 틀림없다.

우리가 지도한다

감독의 실제 경험을 바탕으로 만들어진 영화 〈파피차〉(모니아 메두르 감독, 2019. 알제리에서는 상영 금지되었다)는 이슬람 극단주의 집단이 대두하던 1990년대의 알제리가 무대다. 패션 디자이너를 꿈꾸는 주인공은 매일같이 여성에게 가해지는 억압에 반발을 느낀다.

'파피차Papicha'란 알제리에서 '유쾌하고 매력적이며 상식에 구애받지 않는 자유로운 여성'을 가리키는 말이다. 남존여비가 강한 이슬람 문화권에서는 이루기 힘든, 꿈같은 여성상이다.

이슬람 극단주의는 코로나 바이러스처럼 사회의 활기를 빼앗는다. 여성을 남성의 부속물로 여기므로 여성의 권리도 빼앗는다. 가슴에 품은 꿈을 이루려고 노력하는 것조차 여성에게는 허락되지 않는 사회, 틀렸다는 생각이 들어도 말조차 꺼내기 힘든 분위기가 지배하는 사회다.

거리 곳곳에는 '여성의 올바른 복장'이라는 제목으로 온몸을 검은 천으로 에워싼 여성이 그려진 포스터가 붙어 있다. 포스터에는 '검은 베일로 몸을 감싸야 한다. 그러지 않으면 우리가 지도한다'라고 쓰여 있다. '지도한다'라는 말에는 '죽인다'는 협박도 포함된다.

영화에서 주인공의 언니는 여성의 권리 향상을 주장하는 저널리스트인데, 검은 베일로 몸을 감싼 생면부지의, 아마도 이슬람 원리주의자로 보이는 여성에게 갑자기 사살된다. 같은 여성끼리도 가는 길이 다른 것이다.

마을 검문소에서는 총을 든 병사가 이슬람 교의를 위반하는 자가 있는지를 일상적으로, 마치 흠이라도 잡으려는 듯 위압적으로 확인한다. 웃음도 대화도 없이 마구 호통만 쳐댄다. 거기서는 그들이 최악의 권력자다.

버스 안에는 히잡(여성이 머리 등을 감추기 위해 두르는 천)을 하지 않은 여성을 위협하거나 부득부득 히잡을 나눠주는 남자도 있다. 주인공은 진저리를 치며 버스에서 내린다.

온몸을 검은 히잡으로 감싼 한 무리의 여성이 프랑스어 수업중인 학교에 난입해, 외국어가 아닌 아랍어를 가르치라고 소리친다.

그리고 여학생 기숙사에서는 성충동을 억제한다며 브롬화칼륨이 든 생우유를 마시게 한다. 학생들이 항의하지만 아무것도 바뀌지 않는다.

남존여비 교육을 받고 자란 젊은 남성들은 여성에 대한 폭력에도 거리낌이 없다. 이슬람 극단주의의 인식은 인간 사회가 악으로 가

영화 〈파피차〉의 한 장면. 거리 곳곳에 붙어 있는 '여성의 올바른 복장' 포스터

득하다고 보는 성악설에 기반을 두고 있다.

그런 상황 속에서 무수히 붙어 있는 포스터는 어마어마한 심리적 압박을 자아낸다.

알라 외에 신은 없다

마지막으로 이슬람 극단주의 집단의 깃발에 대해 이야기해보자. 여기에도 '다윗의 별'과 비슷한 의문이 있다.

이슬람 극단주의 무장단체 IS의 깃발에는 검은 바탕에 흰 글자로 '알라 외에 신은 없다'와 '알라, 라술룰라(사도), 무함마드'의 캘리그래피가 들어가 있다. '알라 외에 신은 없다'는 사우디아라비아의 국기에도 쓰여 있는, 이슬람교도에게는 중요한 성구다.

깃발을 뒤에서 보면 문구가 좌우 반전되어 비친다. 성구가 변형되어버리는 것이다. 그래서 깃발을 앞뒤로 두 장 붙이거나, 비치지 않는 천을 사용함으로써(깃발의 뒷면에 무늬가 없는 천을 붙이는데, IS 깃발은 검은색을 사용한다) 어구가 좌우 반전되지 않도록 주의를 기울인다. 이슬람교는 우상숭배를 금지하기 때문에 성구를 지극히 신성하게 여긴다.

이토록 중요한 성구가 IS의 만행으로 오염되고 말았다. IS의 깃발은 해적이나 나치의 깃발과 같은 공포의 상징이 되었다.

그들의 포학함과 맞닥뜨려본 이슬람교도에게는 깃발에 이 성구가 쓰여 있다는 점이 이후의 신앙생활에 영향을 미치지 않았을까. 하루에 다섯 번씩 절을 하는 이슬람교도는 틀림없이 이 성구를 일상적으로 욀 것이다. 욀 때마다 IS가 떠오른다면 신앙생활에 파탄이 오지 않을까. 자신이 IS와 같은 부류가 되어버린 느낌이 들지 않을까.

이슬람 극단주의 테러범들은 사전 또는 사후에 반드시 '알라후 아크바르(신은 위대하시다)'라고 외친다. 이슬람교도에게는 친숙하

탈레반 깃발

IS 깃발

고 중요한 성구지만, 거리에서 외치는 이 성구는 공포의 시작을 예고한다. 탈레반의 깃발도 마찬가지다. 흰 바탕에 검은 캘리그래피로 IS처럼 '알라 외에 신은 없고, 무함마드는 신의 사도다'라는 성구가 쓰여 있다. 이슬람 극단주의자들과 같은 취급을 받고 싶지 않은 이슬람교도 중에는 자부심을 짓밟는 행위에 분노를 느끼는 사람이 적지 않을 것이다.

  탈레반의 지배가 시작된 아프가니스탄의 수도 카불에는 거리 곳곳에 탈레반 깃발이 걸려 있다. 정보 통제만이 아닌 사상 통제, 신앙 통제다. 전체주의국가를 그린 영화 같다는 기시감이 들지만, 이것이 현실이다.

칼럼 거짓말을 모두 죽여라

전쟁은 진실과 거짓의 싸움이다. 자신의 정당성을 주장하려면 진실인지 거짓인지는 부차적인 문제가 된다. 괴벨스는 거짓말을 자꾸 하다보면 진실이 된다고 호언장담했다. 푸틴 전쟁에서도 푸틴 대통령을 비롯한 러시아 정부 고관들은 거짓말을 반복했고, 아무리 허점이 보여도 당당했다. 거짓에는 끈기 있게 진실을 계속 들이미는 수밖에 없다.

'거짓말을 모두 죽여라Kill lies all'는 1974년 MoMA(뉴욕현대미술관)에 전시된 〈게르니카〉(피카소, 1937)에 미술가이자 아트 딜러인 토니 샤프라치Tony Shafrazi가 붉은색 스프레이로 낙서한 문구다. 전날 윌리엄 캘리William Calley 중위가 가석방된 데 대한 항의 표시였다.

베트남전쟁 당시 소위였던 캘리는 1968년 남베트남 손미 지역 미라이 마을에서 갓난아기까지 포함한 비무장 민간인 500여 명의 학살을 지휘했다. 살아남은 마을 사람들의 증언으로는 미군 병사들이 '모두 죽여라Kill them all'라고 소리쳤다고 한다. 샤프라치의 '거짓말을 모두 죽여라'는 이 문구를 모방한 것이다.

군 상층부는 많은 베트콩을 죽여(실제로 베트콩은 한 명도 없었다) 공을 세웠다며 캘리를 중위로 승진시켰다. 당시 미군의 승진 필수조건 중 하나가 '얼마나 많이 죽였느냐'(바디 카운트, 즉 베트콩 사망자 수)였다.

베트남전쟁 당시, 미군의 신병 훈련소인 부트 캠프에서는 혐오 발언이 횡행했고 신병들은 정신적으로 서서히 붕괴되어가고 있었다. 영화 〈풀 메탈 재킷〉(스탠리 큐브릭 감독, 1987)이나 〈타이거랜드〉(조엘 슈마허 감독, 2000)에서 그려졌듯, 살인 기계로 만들기 위해 신병들에게 '풀 메탈 재킷'[36]을 입혔다.

혐오 발언 중에서 지도 교관들이 입에 달고 지낸 말이 '움직이는 건 뭐든 죽여라Kill anything that moves'였다. 미라이 학살 사건은 빙산의 일각이었다.

1969년 마침내 미디어가 다루기 시작하면서 미라이 사건이 세상에 드러났다.

캘리 중위의 상관 어니스트 머디나Ernest Medina 대위가 병사들에게 죽이라는 명령을 내렸다고 알려졌지만, 그는 재판에서 부정했고 책임은 모두 캘리 중위 한 사람에게 떠넘겨졌다.

캘리 중위는 40개월의 가택연금 끝에 자유의 몸이 되었다. 캘리 중위가 반전운동의 표적이 될 것을 우려했던 닉슨 대통령이 임기 중의 불명예를 피하기 위해 빨리 마무리지으려 했던 것이다.

〈게르니카〉는 스페인 내전 당시, 훗날 독재자가 되는 프란시스코 프랑코 장군의 요청으로 나치 독일 공군이 공화국 군대의 중심지 게르니카를 폭격하자, 그 참상에 충격을 받은 피

---

36 Full Metal Jacket. 구리와 같이 내구성과 탄성이 뛰어난 금속으로 총탄 전체를 코팅하여, 총열 내부를 상하게 하지 않으면서 표적에 맞았을 때에도 뭉개지지 않고 관통하도록 제작된 강철탄의 일종. '재킷'은 총탄에 입히는 금속 재질을 뜻하지만 겉옷을 가리키기도 하므로, 글쓴이는 이중적인 의미로 사용하였다.(옮긴이 주)

카소가 영화 스크린처럼 거대한 화폭에 비참한 장면들을 담아낸 작품이다.
하지만 독재자 프랑코 장군이 이 작품을 인정할 리 없었다. 〈게르니카〉는 '사람들에게 자유가 부활할 때까지'라는 피카소의 의뢰로 미국 뉴욕의 MoMA에 이관되었다.
NHK는 2022년 〈어서 와, 게르니카: 조국 '귀환'까지 16,131일おかえり、ゲルニカ祖国"帰還"までの16131日〉이라는 방송에서 샤프라치를 인터뷰했다. 〈게르니카〉는 원래 샤프라치가 매우 좋아하는 작품이었다고 한다. 하지만 반전을 상징하는 이 작품이 베트남전쟁에 매진하는 미국에서 아무런 역할도 하지 못한다는 사실에 실망했다. 그는 다시 한번 〈게르니카〉의 의미를 사람들에게 전하고 싶었다.
그래서 캘리 중위의 가석방에 맞추어 언론에 크게 보도되도록, 대낮에 관람객들이 보는 앞에서 〈게르니카〉에다 스프레이로 낙서를 감행했던 것이다.
당연히 샤프라치는 자신이 사랑하는 〈게르니카〉에 상처를 줄 의도가 없었고, 붉은 스프레이도 바로 제거할 수 있는 것을 사용했다. MoMA는 샤프라치에게 소송을 걸거나 잘못을 묻지 않았다. 이 사건으로 〈게르니카〉는 다시 한번 주목을 받았다.
하지만 지금까지도 세계에서 전쟁은 사라지지 않았다. 반전의 목소리가 그에 귀기울여야 할 독재자에게는 정작 닿지 않기 때문이 아닐까.

4장 전쟁과 디자인

〈TASS의 창〉 통신 469호 포스터 '젊은 여성 파르티잔 병사', 알렉산드르 부브노프 그림, 바실리 레베데프 쿠마흐 시, 제2차세계대전

아마겟돈

"무력충돌은 사라지지 않을 것이다. 인간이 서로 미워하고 사랑하고 두려워하고 한데 모여 집단을 형성하며, 그 집단의 단결과 생존이 다른 집단과의 경쟁 형태로 표현되고 경쟁을 통해 유지되는 한은 말이다."(윌리엄 맥닐William McNeill,『전쟁의 세계사The Pursuit of Power』, 1982)[37]

2022년 2월 러시아가 우크라이나를 침공함으로써 '푸틴 전쟁'이 시작되었다. 침공을 명령한 독재자를 제외한 전 세계인들은 지금이 여전히 '전쟁의 세기'라고 불렸던 20세기인가 하고 경악했다. 게다가 러시아는 핵폭탄을 6,000발 가까이 보유하고 있다고 한다. 지구를 몇 번이나 멸망시킬 수 있는 양이다. 전쟁을 시작한 푸틴 대통령은 최악의 경우에 핵도 사용하겠다고 협박하는 사람이다. "인간 종種의 돌연한 절멸"(맥닐, 앞의 책)에 대한 두려움이 현실로 다가왔다.

1969년 샤론 테이트Sharon Tate 살해 사건 등을 일으켰던 찰스 맨슨Charles Manson은 히피계 컬트 종교의 교주로, 흑인이 백인에 대항해 봉기해서 세계를 지배하려 한다는 '아마겟돈Armageddon'(지구 종말 전

---

[37] 이산, 2005

쟁) 망상을 품고 있었다. 1960년대 미국에서 흑인 인권 운동이 격화되고 있었기 때문이다.

맨슨은 흑인들이 일으킨다는 인종 전쟁 발발 날짜를 비틀즈의 곡에서 따와 '헬터 스켈터Helter Skelter의 날'이라고 이름 붙였다.

도쿄 지하철 사린 사건을 일으켰던 옴진리교도 앞으로 일어날 불신자와의 종말 전쟁에서 승리해야 한다는 명목으로 직접 아마겟돈을 일으키려고 했다.

지금 아마겟돈을 일으키려는 주모자는 (아마도 백인지상주의자라고 생각되는) 푸틴 대통령이다. 초강대국이 컬트 종교화되기라도 한

위: 라트비아의 러시아 대사관 앞에 있는 파울 스트라딘스 의학사박물관이 푸틴과 해골을 합성한 사진을 내걸어 푸틴 대통령을 비판하고 있다. 2022

걸까.

라트비아의 스트라딘스 의학사박물관은 러시아 대사관 바로 앞에 있다. 2022년 3월, 이 박물관은 푸틴과 해골을 합성한 거대한 사진을 내걸어 러시아를 정면으로 비판했다. 소셜 미디어를 타고 알려진 이 사진은, 핵전쟁의 공포를 몰고 온 푸틴 대통령을 풍자하는 훌륭한 캐리커처다.

"아마겟돈을 부르짖으며 만주사변을 주동했던 일본 육군의 이시와라 간지石原莞爾는 2차세계대전 뒤에 가장 먼저 히로시마와 나가사키의 피폭 지역을 방문했습니다. 핵무기가 출현한 이상, 인류 종말을 피하려면 전쟁을 포기하는 수밖에 없다며 헌법 9조[38]를 지지했습니다."(야마무로 신이치山室信一, 「전쟁의 결과로 요구받은 9조戦禍の果てに求められた9条」, 〈아사히신문〉)

이미 늦었지만, 푸틴 대통령도 히로시마와 나가사키를 방문해야 했다.

---

38 일본국 헌법 제9조는 전쟁 포기, 전력 보유 및 교전권 불인정 등의 요소를 담은 단독 조문으로, 2차세계대전 패배 이후 연합군 최고사령부GHQ의 압력을 받아 개정된 일본의 평화헌법에 포함되었다. 평화헌법은 1946년 공포된 이후로 한 번도 개정되지 않았으나, 2014년 아베 신조 내각이 헌법 9조에 새로운 해석을 내리며 '집단적 자기 방위' 결의안을 채택함으로써 사실상 이 조항을 무력화시켰다. 현재 일본은 자국에 대한 무력 공격뿐만 아니라 일본과 긴밀한 국가에 대한 공격 및 위협이 있을 경우에 합법적으로 자위대를 사용할 수 있다.(옮긴이 주)

콜래트럴 데미지

오래전 마오쩌둥은 한국전쟁에서 맥아더 장군이 핵폭탄을 사용할지도 모른다는 정보가 날아들었을 때, 천만 명이 죽든 이천만 명이 죽든 뭐가 다르냐, 대체자는 얼마든지 있다며 큰소리쳤다.

푸틴 대통령도 사람의 죽음에 대해서는 마오쩌둥 뺨치도록 담백하다. 목적을 위해서라면 대량 학살도 주저하지 않을 것이다. 만약 자국 병사가 핵폭탄에 희생된다 해도 '콜래트럴 데미지'(부수적인 피해. 3장 '전쟁과 말' 참조) 쯤으로 정리해버릴 것이다. 아니, 오히려 히로시마와 나가사키에 원자폭탄을 사용한 미국에게 선수를 빼앗겼다며, 자신도 한 번쯤 도시를 통째로 파괴해보고 싶다는 생각을 하고 있을지 모른다.

애초에 푸틴 대통령이 핵으로 협박할 수 있게 된 것도 스탈린 덕분이라는 설이 있다. 2차세계대전 종전 직후, 소련의 핵개발은 미국보다 몇 발짝은커녕 한참 뒤처져 있었다. 그런데 4년 뒤에는 원자폭탄을 개발해 미국과 어깨를 나란히 하게 되었다. 미국은 금세 공포를 느꼈다. 물론 스파이가 암약하기도 했겠지만, 가장 크게 공헌한 것은 라게르(강제수용소) 수용자들의 노예노동이라고 한다(로이&조레스 메드베데프Roy&Zhores Medvedev, 『알려지지 않은 스탈린The Unknown Stalin』, 2001).

러시아혁명 직후, 레닌은 시베리아에 라게르를 만들었고 그곳에

'반혁명분자' '계급의 적'을 수용해 노예노동을 하게 했다.

그다음에 권력을 잡은 스탈린은 1937년부터 전국적인 규모의 대숙청(붉은 테러)을 감행했고, 이는 수많은 수용자를 낳았다. 2차세계대전으로도 수많은 독일군 및 일본군 포로, 정치범 등의 수용자가 생겨났다. 그중에는 학자, 과학자, 기술자도 있었다. 아무리 과로로 사망하더라도 다시 채워넣을 수 있었다.

> "원자로, 공장, 실험장, 도시 기반 시설 등의 모든 문제를 실제로 신속하게 해결하는 데에 주된 역할을 한 것은 명백히 수용소였다. 풍부한 기동성을 갖추었던 수용소는 본질적으로는 노예노동인 숙련 노동의 특수하고 거대한 공급원이었다."(메드베데프, 앞의 책)

핵개발뿐만 아니라 소련 전체의 기반 시설 구축도 이 수용자들을 빼고는 논하기 어려울 것이다. 어디를 가보아도 비인간적인 어둠은 걷히지 않는다.

양날의 검과 행방불명

러시아는 협박거리를 하나 더 들고 나왔다. 평화의 상징인 국제우주정거장ISS을 추락시키겠다는 엄포다. 어디로 떨어질지도 모르는 일인데, 만약 도시에 떨어진다고 하면 대참사가 일어난다. 기왕이면 푸틴 대통령의 머리 위에 떨어지라고 빌었던 사람도 많았으리라.

냉전 종식 이후, 국제우주정거장은 국제 협력과 평화의 상징으로 일본, 미국, 캐나다, 러시아, 유럽 등 15개국이 운용해왔다. 자금 부족으로 전망이 불투명해진 시점에 러시아가 합류하면서 성공시킬 수 있었던 프로젝트다. 지금 권력자의 폭거가 일어난 지상의 전쟁이 정거장 내의 우주비행사들에게는 영향을 미치지 않은 듯하다.

하지만 서구와 제휴해온 러시아의 많은 과학 프로젝트는 푸틴 전쟁에 따른 세계 각국의 경제 제재로 자금이 동결되었다. 러시아의 과학자들은 연구를 포기할지, 아니면 다른 나라로 연구소를 이전할지 고민하며 딜레마에 빠져 있다. 시베리아에서 진행해온 기후 변화 연구 역시 자금난으로 중단되었다. 러시아뿐만 아니라 지구 전체에 손해다. 푸틴 전쟁에 대응한 제재는 양날의 검이 되어버렸다.

러시아는 병사가 부족해지면서 제대로 훈련도 받지 못한 젊은이들을 우크라이나로 보내고 있다. 젊은이들은 죽으려고 우크라이나로 가는 것이나 다름없다.

이번 '특별군사작전'에서 전사하면 유가족에게 일시금(한화로 약 6,000만 원)을 포함해 총 1억 2,000만 원 정도가 지급된다고 한다. 그러나 국방부의 자금은 전쟁 비용으로 이미 과도하게 지출되어 얼마 남아 있지 않다. 그렇다면 어떻게 할까. 행방불명된 것으로 처리

한다. 죽었는지 살았는지 모르면 돈을 지급할 필요가 없기 때문이다. 임시방편이지만, 이것이 푸틴 대통령이 우두머리 노릇을 하는 러시아군의 실태다. 사람의 목숨은 깃털보다 가볍다.

이교도와의 종교전쟁

중세 유럽의 기독교는 이교도나 이단과의 싸움, 즉 적을 발견해내려는 싸움의 역사였다고 할 수 있다. 신은 하나여야만 하기 때문이다. 일신교의 어두운 면모다.

하지만 '이교도, 이단자'는 기독교의 일방적인 표현일 뿐, '이교도, 이단자' 입장에서는 공격받았을 때에야 처음으로 인식하게 된다. 기독교는 적이 존재함으로써 존속되어온 종교라고도 할 수 있다. 신과 악마의 싸움이다.

일본에서 악마에 해당하는 것은 사령邪靈(사악한 영혼)이다. 사령도 신의 품 안에서 제대로 부정함을 씻어내면 영혼이 선한 신의 무리에 들어갈 수 있다. 그런데 기독교의 악마는 절대악이므로 어떻게 해도 신이 되지 못한다. 영원히 사악한 존재다.

기독교도가 맨 처음 악마로 삼았던 대상은 유대교도였다. '전쟁과 상징'에서 다루었듯이 2, 3세기 무렵은 기독교도가 박해받고 유대교도가 우대받던 시대였다.

4세기 들어 로마 황제에게 드디어 인정받았을 때 기독교는 다른 종교, 특히 유대교와의 차이를 선명하게 드러내려고 애썼다.

이때 제일 먼저 시작된 작업이 포교를 위해 성서를 완비하는 일이었다. 유대교는 기존의 파피루스 두루마리를 사용했고, 기독교도들은 그때까지 그리 많이 보급되지 않았던 양피지를 접어서 책자로 엮어 사용했다. 글씨는 양쪽 다 손으로 일일이 썼다. 유럽에서 인쇄술이 대중화되려면 아직 11세기나 기다려야 했다. 당연히 책자 형태가 두루마리를 꺾고 승리한다. 휴대하기에 편리하고, 관심 있는 대목을 쉽게 찾아낼 수 있기 때문이다. 책자 형태는 훗날 서적의 주류가 된다.

다음 악마로 삼은 대상은 이교도인 이슬람교도였다. 유럽에서 농업혁명 등으로 생활이 편해지자 이와 함께 인구도 늘어나, 생활권을 확대할 필요성이 생겨났다. 이때 마침 비잔틴제국의 황제가 성시 예루살렘을 이슬람 세력에게서 되찾고 싶다며 지원을 요청한다.

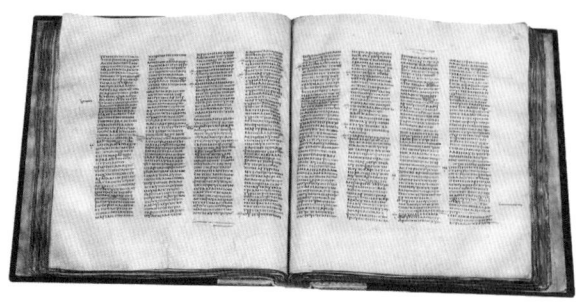

4세기경 기독교를 공인한 로마 황제 콘스탄티누스 1세의 의뢰로 제작된 책자 형태의 그리스어 성경 '시나이' 사본

결국 11세기에 십자군운동이 일어나면서 기독교도들은 전면적인 이교도 퇴치에 나선다('전쟁과 상징' 참조). 생활권 확대라는 의미에서는 히틀러의 침략 이유와 겹쳐진다.

십자군의 예루살렘 탈환 이유는 다음과 같다.

"적의 죄는 선택받은 민족에게 주어진 영토를 점령하고 있다는 점만이 아니라, 그들이 '가짜' 신들을 숭배하고 있다는 점이었다. 선택적 민족 학살―항복을 거부하는 자는 모두 말살하는 것―은 구약성서에서 종교적 근거를 찾아 정당화했다."(샘 킨, 『적의 얼굴』)

푸틴 전쟁에서 일어나는 학살도 이와 비슷한 논리로 정당화하고 있을 것이다.

레콩키스타와 국치지도

몇 차례나 파견되었던 십자군은 결과적으로 예루살렘을 탈환하지 못한 채 도리 없이 철수했다. 그러나 십자군원정으로 이슬람권과 교역이 시작되면서, 이탈리아를 중심으로 상업이 발달한다.

이베리아반도는 십자군원정 이전인 8세기부터 이슬람교도가 지배하고 있었다. 지배라고는 하나 무력으로 제압하지도 않았고, 인

위: 레콩키스타(711~1492) 당시, 이슬람 세력을 아프리카 대륙으로 쫓아내던 과정
아래: 중국의 '국치지도'에 그려진 중국의 '옛 국경'

구는 적었지만 기독교도 및 유대교도와도 공존하고 있었다.

그런데 십자군과 같은 시기에, 십자군과 같은 이유로 기독교도들이 이베리아반도를 침공한다. 기독교에서는 이를 레콩키스타 Reconquista(국토회복운동)라 불렀다.

그러나 십자군과 마찬가지로 고전했다. 결국 모든 이슬람교도를 이베리아반도에서 완전히 쫓아낸 것은 콜럼버스가 아메리카 대륙을 발견해 대항해시대가 시작되던 1492년이었다. 몇 세기 내내 거주해온 사람들을 이교도라는 이유로 몰아내는 것이 과연 정당한가. 팔레스타인인을 몰아냈던 이스라엘의 건국 과정이 머리를 스친다.

레콩키스타처럼 원래 자신들의 땅이었다는 논리는 시대가 바뀌어도 계속 침략의 구실로 등장한다. 푸틴 대통령이 부르짖는 러시아제국의 부활도 그렇지만, 중국공산당 총서기 시진핑도 잃어버린 영토라며 '국치지도國恥地圖'를 언급하곤 한다.

'국치지도'란 중국이 서구 열강에게 빼앗긴 지역을 가리킨다. 오키나와, 한반도, 대만, 인도차이나반도, 말레이반도에까지 이르는 광범위한 지역이다. 그가 진심으로 이 지역을 탈환해야 한다고 생각하고 있다면, 푸틴 대통령의 지향과 완전히 일치한다.

종교 파벌 전쟁

기독교도에게 그다음 악마는 같은 기독교도였다. 기독교도 내의 이단자 색출은 십자군원정 전후부터 시작되었다. 레콩키스타에 매진하던 스페인에서는 이슬람과의 싸움이 장기화되면서 이단에 대한 혐오가 점점 커졌다. 창끝을 기독교도 내로 돌려, 자비 없는 이단심문을 시작한다. 일종의 내부 감사다.

마녀사냥은 이단자 색출의 또다른 형태다. 마녀의 생태에 관한 그림이 15세기 후반 무렵부터 종종 그려지면서, 마녀라는 존재가 구체적이고 실제적인 이미지를 얻었다. 마녀사냥은 한층 더 극심해졌다.

공산당을 예로 들 것도 없이, 일당독재는 부패하기 마련이다. 유일무이한 권력을 구가하던 가톨릭파도 같은 전철

마녀에 대한 이미지를 시각화한 〈마녀의 안식일〉(한스 발둥 그리엔 1510)

을 밟았다. 교회 건설 자금이 필요했던 나머지, 누구라도 돈을 내면 죄를 지었더라도 벌을 면해준다는 면벌부[39]를 발행한다. 그리고 이를 가톨릭교회의 부패라고 인식하는 파벌이 나타난다. 프로테스탄트파의 등장이다. 가톨릭 입장에서는 반기를 든 프로테스탄트가 증오스러운 이단이 되었다.

양 세력 간에 파벌 전쟁이 시작되었다. 프로테스탄트의 전신이라 할 수 있는 후스파와 가톨릭 사이에 일어난 후스전쟁(1419~1436년), 프로테스탄트파가 등장한 이후의 카펠전쟁(1529년, 1531년), 슈말칼덴전쟁(1546~1547년), 위그노전쟁(1562~1598년), 80년전쟁(1568~1648년), 30년전쟁(1618~1648년) 등 온통 전쟁뿐인 200년 역사다.

적대 세력에 대한 비난까지도 서슴지 않으며 자신들의 주장을 선전하는 '프로파간다'라는 말은 종교전쟁이 한창이던 17세기 초, 가톨릭파가 시작한 포교에서 처음 쓰였다.

가톨릭과 프로테스탄트는 실제 전쟁만이 아니라 물밑에서 싸우는 프로파간다 전쟁도 벌이고 있었다.

본격적으로 발동을 건 쪽은 물론 가톨릭교회를 비판했던 프로테스탄트파였다. 당시에는 엘리트 성직자나 읽을 수 있는 라틴어 성

---

39 가톨릭교회에서 '대사(大赦, Indulgentia)'를 일컫는 용어. 통상 '면죄부'라는 단어를 더 많이 쓰지만, 엄밀히 말하면 가톨릭의 고해성사를 통해 죄를 용서받더라도 그 죄에 따른 벌은 여전히 남는다. 돈을 내면 이 벌을 면해준다는 의미이므로 '면벌부'가 더 적절한 표현이다.(옮긴이 주)

경밖에 없었다. 프로테스탄트파의 창시자 중 한 사람인 마르틴 루터는 구텐베르크 인쇄술을 활용해 독일어로 번역된 성경을 처음으로 찍어냈다. 라틴어를 배우지 않더라도 민중이 읽을 수 있는 성경이 등장하자, 프로테스탄트파의 포교에 탄력이 붙었다. 이어서 문자 중심의 팸플릿도 대량으로 인쇄해 배포하면서 점점 세력을 키워 나갔다.

한편, 라틴어 성경밖에 인정하지 않았던 가톨릭파는 각 나라의 말로 성경을 읽는 행위를 금지했다. 민중 스스로 읽을 수 있는 성경이 없었다는 한계가 프로테스탄트 세력의 확장을 허락하고 말았다.

가톨릭파의 대응은 라틴어를 읽지 못하더라도 그림으로 이해할 수 있도록 목판화를 활용하는 정도가 고작이었다.

하지만 이러한 종교전쟁에 승패는 없었고, 분열을 낳은 것만으로도 후세에 화근을 남겼다. 영국과 아일랜드 사이에 일어난 북아

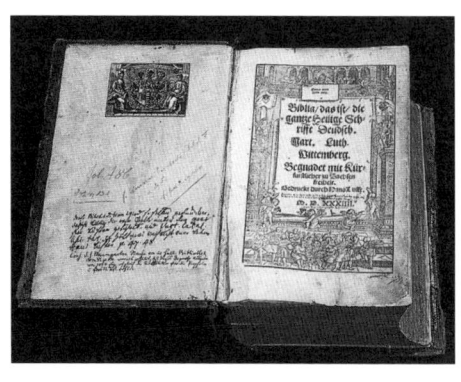

루터의 독일어 성경, 1534

일랜드 분쟁⁴⁰은 가톨릭파와 프로테스탄트파가 벌인 마지막 전쟁이다.

우크라이나의 종교전쟁

앞서 언급한 바와 같이 푸틴 대통령은 우크라이나를 '소러시아'라고 멸시했다. 이러한 멸시의 배경에도 종교가 얽혀 있다.

우선, 푸틴 대통령의 종교인 러시아정교에 대해 알아보자.

기독교는 교의 해석 및 성상 숭배 범위(어디까지 금지하고 어디까지 허용할 것인가) 문제에서 이견을 보이다가 1054년 로마가톨릭교회와 그리스정교회(동방정교회)로 분열되었다. 기독교는 확실히 선을 긋지 않고는 못 견디는 종교다.

그리스정교회는 그뒤 동유럽으로 퍼져나간다. 각 정교회는 서로 대등하고 교리도 같다. 그중 하나가 러시아정교회이고, 수장은 키릴 모스크바 총대주교다.

우크라이나에는 원래 모스크바 총대주교청 산하의 우크라이나

---

40 아일랜드가 영국에서 독립할 당시, 북쪽 지역인 얼스터의 일부는 계속 영국 영토로 남기로 하면서 비롯된 정치적·종교적 분쟁. 북아일랜드 정부를 장악한 영국 연합주의자 및 개신교도와, 소수였던 반反영국 성향의 민족주의자 및 가톨릭교도 사이의 대립과 갈등은 1960년대 후반부터 격화된다. 비무장 시위대를 향한 영국군의 발포('피의 일요일' 사건), 이에 보복하는 IRA의 폭탄 테러 등 끝없는 폭력으로 얼룩지다가 1998년 벨파스트 협정으로 마무리되었다.(옮긴이 주)

정교회, 키이우 총대주교청 산하의 우크라이나정교회, 형식적으로는 정교에 가깝지만 로마가톨릭교회에 소속된 그리스가톨릭교회, 크게 세 종파가 있었다. 그리스가톨릭교회 외에는 모두 러시아정교회 소속이었다.

그런데 저널리스트 이마이 사오리今井佐緒里의 기고문(「우크라이나와 러시아의 종교전쟁ウクライナとロシアの宗教戦争」 등)에 따르면, 2019년 신자 수가 모스크바에 비해 압도적으로 많은 우크라이나정교회가 통합되면서 러시아정교회에서 독립했다. 그리고 키릴 총대주교와 대립 관계에 있는 콘스탄티노폴리스 세계 총대주교가 이를 승인해주었다. 우크라이나의 정교회를 모스크바 총대주교청 아래 둔다는 결정이 내려진 때가 1686년이었으니, 333년 동안 이어져온 금기를 깨는 '쿠데타'라 하겠다.

모스크바 총대주교는 콘스탄티노폴리스 총대주교와 우크라이나정교회를 '악의 제국', 우크라이나정교회 신자와 푸틴 전쟁에 반대하는 사람들을 '악의 세력'이라 맹비난하며 푸틴 대통령의 침략을 적극 지지했다.

게다가 우크라이나는 지정학적으로도 마침 로마가톨릭교회와 러시아정교회의 경계에 있어, 우크라이나 서부에는 로마가톨릭교회에 소속된 그리스가톨릭교도도 많다. 러시아정교도끼리의 싸움, 그리고 러시아정교 대 로마가톨릭의 싸움이라는 이중 종교전쟁의 양상을 보인다. 예전의 소련에서는 철저히 부정되었던 종교가 지금

러시아에서 완전히 부활했을 뿐만 아니라, 예전보다 더 강력하게 러시아를 지배하는 듯한 인상이다.

'악의 제국 evil empire'은 냉전이 한창이던 1983년 당시 미국 대통령 로널드 레이건이 미국 복음주의 교회연합 총회에서 전체주의국가 소련을 가리키며 던진 말이었다.

미국 복음주의파는 미국 대통령 선거에서 정권을 좌지우지하는 최대 표밭이라, 많은 대통령 후보가 바짝 굽히고 들어가는 전략을 취한다. 조지 부시, 도널드 트럼프 모두 마찬가지였다. 그곳에서 하는 발언은 통상적으로 미디어를 향해 하는 말보다 더 속내가 드러난다고 본다.

'악의 축'이라는 말도 있었다('전쟁과 상징' 참조). 2001년 미국에서 일어난 동시다발 테러 이후 아프가니스탄을 침공해 나름대로 성과(?)를 얻은 뒤, 새로운 적을 추출하기 위해 부시 대통령이 2002년 연두교서 연설에서 한 말이다. 2차세계대전의 주축국이었던 독일·이탈리아·일본을 모방하여, 새로운 '축'으로 북한·이란·이라크를 지목했다.

푸틴 전쟁

기독교적 세계관에서는 반드시 절대선과 절대악을 이야기한다. 신과 악마의 싸움이기 때문이다. 그런데 입장이 바뀌면 반대가 된다. 미국 동시다발 테러 당시, 중동 일부 지역에서는 이교도에게 피해를 입혔다며 쾌재를 불렀다는 보도도 있었다.

어쨌든 '정의'라는 말을 선점해 단호하게 내세우는 것이 전쟁에서는 효과적이다.

'정의는 우리에게 있으며, 완수해야 할 사명이다'라는 말이 종종 들리는데, 이때 '정의' '사명'이라는 단어에는 종교적인 기색이 감돈다.

푸틴 대통령의 우크라이나 침공 목적은 우크라이나의 비非나치화이다. 여기에다 2016년 프란치스코 교황과 키릴 러시아정교회 총대주교의 회담에서 우크라이나의 종교적 대립을 종식시킬 방안을 논의했던 것을 근거로, 그 대립을 러시아군이 끝내겠다는 '종교적 정당성'도 가미한 것 같다. 종교 대립을 종결짓기 위해서는 살인도 불사하겠다는 말이다. 앞서 언급했던 십자군 파견 구실과 똑같다. 러시아정교도인 푸틴 대통령의 '악에 대응해서는 무슨 짓을 해도 된다. 이것은 선과 악의 싸움이다'라는 태도는 기독교의 이중성을 다시 떠올리게 한다. 종교를 이용한 이미지 지배라고도 할 수 있다.

어쨌든 키릴 총대주교와 푸틴 대통령은 우크라이나인을 응징하겠다는 점에서 의견이 일치한다. '푸틴 전쟁'에 보증서를 부여한 종교 지도자의 완고함은 세계를 아연하게 만들었다. 가톨릭 교황은

키릴 총주교에게 '악의 세력' 같은 말이 아니라 신의 말을 사용해야 한다고 부드럽게 못박았다 한다.[41]

아시아를 정복하려 했던 인단

영화 〈전쟁과 인간〉(야마모토 사쓰오 감독, 1970~1973)은 만주사변(1931)을 향해 가는 과정인 장쭤린[42] 폭탄암살사건 전후부터 노몬한사건[43]까지를 묘사한다. 총 3부작에 9시간이 넘는 상영시간 동안, 일본인 배우들이 중국인 및 조선인 역할까지도 맡아서 현지어와 일본어로 연기한다.

영화에는 노몬한사건으로 부상을 당했다가 겨우 살아남아 귀

---

41 다만, 푸틴 전쟁이 100여 일에 도달하던 2022년 5월 말에 우크라이나 침공은 실패라고 결론지었는지, 정교도 사이의 분열에 가담한 것을 반성했는지, 아니면 침공을 지지하지 않은 척할 작정인지, 키릴 총대주교가 '분열은 안 된다, 현명한 행동을 촉구한다'라고 발언하며 푸틴 대통령과 거리를 두기 시작했다.(글쓴이 주)

42 張作霖, 1875~1928. 중화민국 북양 정부의 군벌이었던 봉천군벌의 초대 수장. 동네 마적단 출신으로 자수성가하여 육군 대원수, 국가 원수 권한 대행 자리에까지 올랐다. 군벌 간의 권력 다툼 속에서 자신의 세력을 넓히기 위해 일본과도 우호적인 관계를 유지했으나, 정치적 상황이 변화하며 불만을 품게 된 일본 관동군이 1928년 그가 탄 남만주철도열차를 폭파시켜 살해했다. 일본과 맺은 우호 관계 속에서 조선의 독립운동을 탄압한 인물로도 알려져 있다.(옮긴이 주)

43 1939년 만주와 몽골의 국경 지대 노몬한에서 일어난 일본군과 몽골·소련군 간의 무력 충돌. 소련의 영토만 탐냈을 뿐 군대를 현대화하지 못했던 일본군은 몽골과 상호원조조약을 맺은 소련의 기계화 부대에 참패하고, 만주·몽골의 국경선을 소련의 주장대로 확정하는 정전 협정을 체결한다. '할힌골전투'라고도 하며, '노몬한사건'은 주로 일본에서 부르는 명칭이다.(옮긴이 주)

환한 지휘관에게 일본 육군이 책임을 물어 입원해 있던 병원에서 자결하도록 만드는 장면이 있다. 이 어처구니없는 행태는 일본 육군의 저급함을 드러내지만, 한편으로는 전 세계 군대의 공통점이기도 하다. 감독이 가혹한 종군 체험을 직접 한 데다 촬영 당시에는 일본공산당원이었기 때문에, 군대에 대한 냉정한 시선이 영화의 전체 분위기를 지배하고 있다. 일본군의 어둠을 그린, 꼭 봐야 할 영화다.

무대가 되는 만주와 상하이 곳곳에 인단[44] 광고 포스터가 붙어 있는 장면도 등장한다.

인단의 '인仁'은 '인의예지신仁義禮智信'의 '인'이다. '단丹'은 중국판 연금술이라 할 수 있는 연단술錬丹術의 '단', 신체에 기를 모으는 '단전丹田'의 '단'이다. 이름부터 중국(아시아) 진출을 염두에 둔 묘약의 이미지가 느껴진다.

'인단'은 러일전쟁 뒤인 1907년, '장군'(전쟁 전의 명칭. 회사 측의 설명에 따르면 지금은 '예복을 입은 외교관'이라고 한다) 그림의 상표를 달고 중국에 진출했다. 만주사변 이전부터 이미 아시아를 겨냥하여 왕성하게 제작되고 있었다.

"기업이 전쟁이라는 특이한 시국을 상품 광고에 사용하기 시작

---

44 仁丹. 한국에서 주로 '은단銀丹'이라고 부르지만, 여기서는 '인단'이라는 일본어 속 한자에 대해 이야기하기 때문에 원문에 따라 '인단'으로 표기했다.(옮긴이 주)

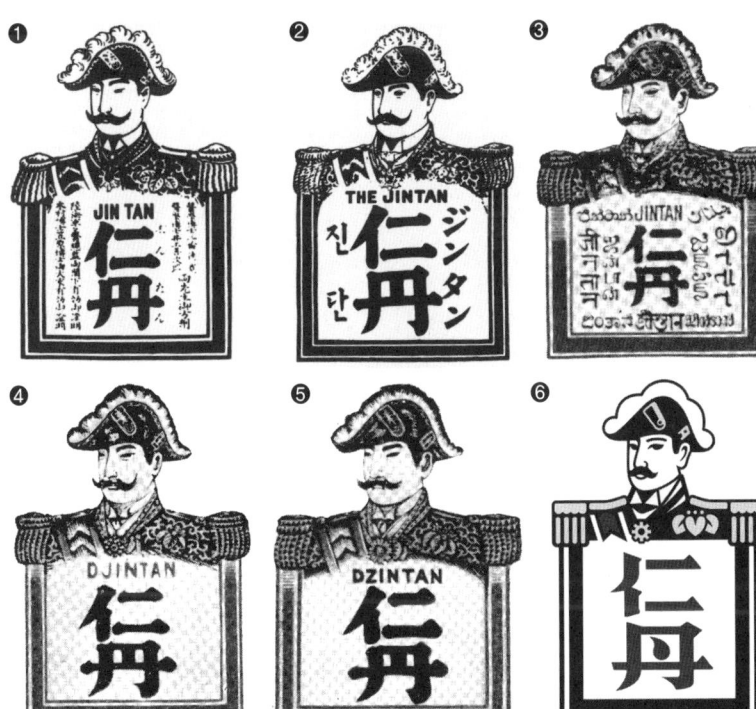

❶ 1905년 발매 당시의 상표. 대만·상하이·홍콩 수출품. 영어도 들어가 있다.
❷ 1905년 해외용 인단 상표. 한글도 보인다.
❸ 1916년 인도용 인단 상표. 아랍 문자도 보인다.
❹ 1916년 인도네시아용 네덜란드어 인단 상표
❺ 1916년 남미용 스페인어 인단 상표
❻ 현재의 인단 상표

아시아의 인단 인기에 편승해 장군 상표를 붙인 약 2종

한 것은 뜻밖에도 러일전쟁이었다."(아라마타 히로시, 『광고 도상의 전설』) 예전부터 전쟁은 "산업과 깊이 결탁된 국민적 '사업'"(같은 책)이었던 것이다.

인단은 단 한 알로 기분을 상쾌하게 만들어주는 마법의 약, 즉 '흥분제'(같은 책)로 아시아에서 인기가 높았다. '인단'의 인기에 편승하려고 '장군' 그림을 상표에 넣은 약도 등장했다.

부드러운 인단과 강압적인 일본군의 행태는 마치 당근과 채찍처럼 대비된다. 인단은 의도치 않게 아시아 침략을 거든 셈이 되었다.

지사제 정로환正露丸도 원래 한자는 '征露丸'(처음에는 '충용정로환 忠勇征露丸'이라는 이름으로 발매되었다)이었다. 러일전쟁에 출정하는 병사용이었다. 상표는 지금도 나팔 모양으로 널리 알려져 있는데,

현재 다이코약품의 '정로환' 제품

사실은 진군나팔이다. '러시아를 정벌하는 환약'[45]이었던 것이다. 2차세계대전 당시 미군에게 지급되었던 담배 '러키 스트라이크'를 떠올리게 한다.

2차세계대전 이후 '정로환' 제조판매권을 얻은 다이코약품大幸薬品은 '정복'의 '정征'을 '바를 정正'으로 고쳐 '나카지마 정로환中島正露丸'으로 발매했고, 1954년에 비로소 '정로환正露丸'이 되었다. 그뒤 상표권이 무효가 되어, 다른 제약사에서도 '정로환'이라는 이름으로 판매하고 있다. 나팔 그림을 사용하는 회사는 다이코약품뿐이다.

그리 깊이 생각할 필요는 없겠지만, '정복'의 '정'이 '바를 정'으로 바뀌었다보니 '올바른 러시아의 알약'이라고 읽을 가능성이 더해졌다.

요리사 히틀러

이번 푸틴 전쟁의 전초전이라 해야 할 2014년 러시아의 일방적인 크림반도 합병 당시, 푸틴 대통령이 크림반도를 요리하는 풍자화가 키이우에 등장했다.

---

45 일본에서는 러시아를 '로서아露西亞'로 음역하므로, 정로환은 정복의 '정征', 러시아의 '로露', 알약을 가리키는 '환丸'이다.(옮긴이 주)

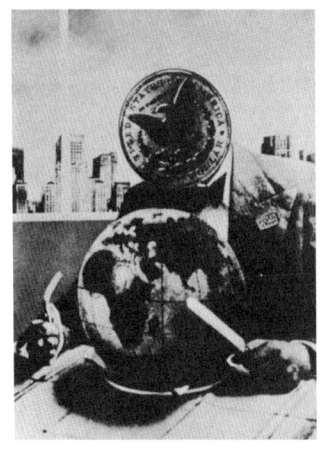
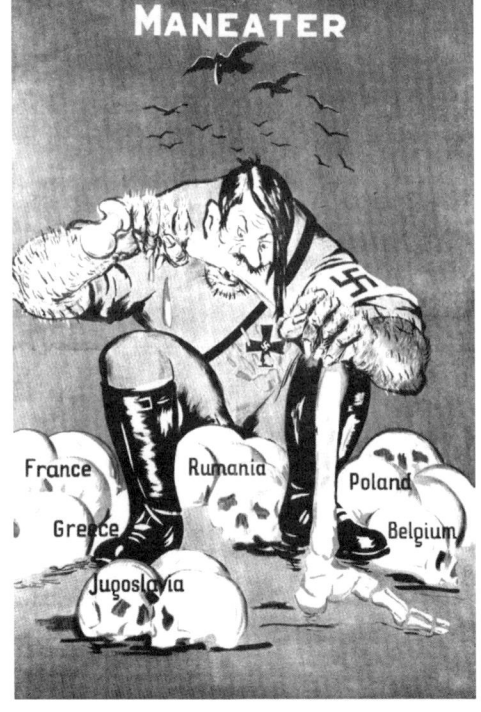

위: 크림반도를 일방적으로 합병한 푸틴의 캐리커처 '크림반도를 먹는 푸틴', 2014
아래 왼쪽: 냉전시대 소련의 캐리커처 '악의 제국 미국은 세계를 먹어치운다'
아래 오른쪽: 2차세계대전, 미국의 캐리커처 '식인종 히틀러'

〈니치도쿠준칸〉 표지, 1940. 프라이팬으로 영국을 요리하는 히틀러

8년 후인 지금 다시 그려본다면 '아마겟돈으로 협박하는 푸틴'이라는 제목으로 푸틴 대통령이 지구를 먹는 그림이 될 것이다. 냉전시대에 '악의 제국 미국은 세계를 먹어치운다'라는 소련의 캐리커처가 있었지만, 지구를 먹으려는 것은 결국 미국이 아니라 소련 자신(푸틴)이었다.

침략자의 횡포를 식사에 비유하는 캐리커처는 상투적인 표현 중 하나다. 히틀러를 식인종으로 묘사한 캐리커처도 있었다.

태평양전쟁이 시작되기 전이자 일본·독일·이탈리아 삼국동맹이 체결되기 반년 전, 1940년 3월에 발행된 잡지 〈니치도쿠준칸日獨旬刊〉의 표지에는 '영국을 요리하는 히틀러'라는 그림이 실렸다.

〈니치도쿠준칸〉은 친소련 성향에서 친독일 성향으로 바뀐 오카노에 모리미치岡上守道(필명 구로다 레이지黑田礼二)가 1936년에 창간한, 일본과 독일 간의 교류를 위한 잡지였다. 당시에는 공산주의자에서 파시스트로 전향하는 경우가 종종 있었는데, 오카노에는 베를린에서 지내며 히틀러도 인터뷰할 정도로 독일(나치)에 정통한 인물이었다. 당시의 일본인으로서는 보기 드물게 다수의 외국어를 구

위: 『천년의 역사를 만들자—일본과 독일, 함께 미국과 영국을 공격하자!
히틀러 총통의 선전포고 대연설』, 니치도쿠준칸샤 출판국, 1941

사하는 코즈모폴리턴cosmopolitan이었다.

〈니치도쿠준칸〉 측은 진주만 공습(하와이 현지 기준 1941년 12월 7일) 사흘 뒤 독일 국회에서 있었던 히틀러 선전포고 연설을 곧바로 번역해, 연말에 『천년의 역사를 만들자—일본과 독일, 함께 미국과 영국을 공격하자! 히틀러 총통의 선전포고 대연설』이라는 책으로 간행할 만큼 나치에 감화되어 있었다. 따라서 저 표지 그림은 풍자화가 아니라 오카노에의 진정한 열망이었다.

그는 잡지에 구로다라는 필명으로 '발칸의 새로운 형세'라는 제목을 붙여 '유럽의 새로운 질서 건설을 위해 부득이하게 전쟁이라는 수단을 사용했다'라는 기사를 썼고, 나치당 강령 선언 21주년을 기념하는 히틀러의 연설 전문도 실었다. 오카노에는 무시무시할 정도로 히틀러에게 경도되어 있었고 〈니치도쿠준칸〉은 명백한 프로파간다 잡지가 되어갔다. 글을 읽어보면 이번 푸틴 대통령의 개전 취지 등과 연결되는 면도 엿보인다. 역시 독재자들의 발언은 표면적으로 다 똑같다.

1932년 나이가이샤內外社에서 간행된 히틀러의 『나의 투쟁』 초역판에는 일본인에 대해 언급한 부분이 삭제되어 있다. 출판사 측에서 아무래도 기술된 내용이 거북하다고 생각했던 것이리라. 일본 문화는 유럽(아리아 민족) 문화에 일본적인 맛을 약간 가미했을 뿐이므로 아리아 문화가 들어가지 않았다면 일본 문화에 소멸의 위기가 도래했을 거라고 쓰여 있던 부분이었다.

자국을 대제국이라고 굳게 믿었던 일본은 베를린 올림픽에 대규모 선수단을 보냈음에도 크게 환영받기는커녕 삼류 국가 취급을 받았다고 한다(한도 가즈토시半藤一利, 「세계사 속의 쇼와사 제3화世界史のなかの昭和史 第三話」, 〈마음こころ〉 vol.36, 2017. 4.).

네오 나치가 일본에도 있다면 이 글을 보고 단박에 발을 뺄 것이다. 독일어를 할 줄 아는 오카노에는 당연히 원문을 읽었을 텐데 대체 왜 히틀러에게 경도되었는지, 정말로 수수께끼다.

유나르미아 깃발(왼쪽)과 대원들

아이를 '디자인'하다

푸틴 전쟁을 일으킨 러시아는 비우크라이나화, 즉 러시아화 시책 중의 하나로서 우크라이나 동부의 러시아 지배 지역에서 교육 방향을 변경한다. 우크라이나어는 금지하고 러시아 교과서를 사용하는 시책이다. 아이들은 순진한 만큼 세뇌(디자인)도 쉽다.

러시아 국방성 산하의 '유나르미야ЮНАРМИИ'(젊은 군대)는 러시아판 히틀러유겐트다. 2016년에 발족되었으며 가입 연령은

히틀러유겐트 깃발(오른쪽)과 대원들

8~18세다. 철저하게 애국심에 근거하여 교육한다고 알려져 있다. 그들은 전쟁이 시작되면 버리는 말로 사용될 비참한 존재다.

나치는 유나르미야의 원조쯤 되는 히틀러유겐트의 철저한 교육으로 아이들을 세뇌하는 데에만 만족하지 않았다. '전쟁과 상징'에서 다루었듯, 그들이 이상으로 삼았던 금발에 푸른 눈을 지닌 나치적 인간을 만들어내려고 했다. 겉모습을 무엇보다 중시했던 것이다. 금발에 푸른 눈의 친위대원들에게 아이를 많이 낳으라고 장려하는 데에 그치지 않고, 점령지에서 그런 외모의 아이를 유괴해 키우기도 했다. 하지만 어릴 때 금발이었다고 해도 성장하면서 머리카락이 다른 색으로 바뀌는 경우도 있다. 머리색이 변해버린 아이에게는 '처분'이라는 이름의 죽음이 기다리고 있었다.

철저하게 나치화되었던 히틀러유겐트도 전황이 악화되면서 총을 들 수밖에 없었고, 대부분은 비참한 말로를 맞이했다. 이들이 헛되이 다리를 지키는 영화 〈다리〉(베른하르트 비키 감독, 1959)나 포로가 되어 지뢰 제거에 투입되는 〈랜드 오브 마인〉(마르틴 산블리트 감독, 2015)은 관객들의 눈물을 자아낸다.

캄보디아인을 150~200만 명이나 고문하고 학살했던 폴 포트의 '크메르 루주'(붉은 크메르인)도 어린아이들을 세뇌했다. 성인은 반란을 일으킬지도 모른다며 절대 믿지 않았고, 다루기 쉬운 아이들을 세뇌해서 병사로 만들어 고문과 학살에 가담시켰다.

폴 포트는 극단적인 마오쩌둥주의를 시행하며 원시 공산제 사회를 지향했다. 사유재산을 강탈했고 종교와 교육을 모두 폐지했으며 혈연마저도 부정했다. 승려는 제일 먼저 중노동에 동원했다.

어린 병사들에게 맡겨진 주요 역할 중 하나가 밀고였다. 어른(혹은 부모)은 상대가 어린아이면 안심하고 속내를 내보이기 때문이다.

폴 포트파 간부 중에는 해외 유학을 했던 사람도 많았다. 그들은 영어와 프랑스어를 구사할 줄 알았고 지식도 많이 갖추고 있었다. 그러나 똑같이 외국어를 할 줄 알거나 지식이 있는 사람, 예컨대 교사·학자·의사·약사 등은 통치에 걸림돌이 된다며 처형했다.

의료 관계자가 모두 사라진 뒤, 그 구멍은 아이들이 메웠다. 의학 지식이 있을 리 없으니 어린 의사에게 가는 것은 죽음을 의미했다.

크메르 루주는 검은 인민복에 캄보디아의 전통적인 '끄러마'를

영화 〈그들이 아버지를 죽였다〉 중에서. 크메르 루주의 끄러마

착용했다. 끄러마는 스카프 겸 수건이면서 머리에 두르는 터번이 되기도 한다. 크메르 루주는 붉은색 깅엄체크 무늬의 끄러마를 둘렀다. 참고로 남베트남해방전선(베트콩)은 푸른색 깅엄체크 끄러마를 착용했다.

붉은색 깅엄체크 끄러마는 서서히 공포의 상징이 되었다. 당시의 끔찍한 상황은 영화 〈킬링 필드〉(롤랑 조페 감독, 1984)와 〈그들이 아버지를 죽였다〉(안젤리나 졸리 감독, 2017)에 잘 묘사되어 있다.

여성 병사

"'여자'의 전쟁에는 여자만의 색깔과 냄새, 여자만의 해석과 여자만이 느끼는 공간이 있다. 그리고 여자만의 언어가 있다. 그곳엔 영웅도, 어무맹랑한 부용담도 없으며, 다만 사람들, 때론 비인간적인 짓을 저지르고 때론 지극히 인간적인 사람들만이 있다. 그곳에서는 사람들만이 아니라 땅도 새도 나무도 고통을 당한다. 이 땅에서 우리와 함께 살아가는 모든 존재가 고통스러워한다. 이들은 말도 없이 더 큰 고통을 겪는다."(알렉시예비치,『전쟁은 여자의 얼굴을 하지 않았다』)

영화 〈스타십 트루퍼스〉(폴 버호벤 감독, 1997)에 등장하는 지구연방군 병사는 전장에서든 어디서든 성별 구분 없이 한 사람의 병사로 취급된다. 여성과 남성의 권리가 동등하다기보다는 성별 간의 차이를 아예 지워버린 듯, 입욕 시간 구분 없이 샤워실까지도 같이 사용한다. 여성과 남성의 권리가 동등해지면 이렇게 되나 싶어 어리둥절할 정도다. 적어도 과학기술이 주도하는 현대·미래의 전쟁에서 여성과 남성의 체격 차이는 그리 문제가 되지 않는 건지도 모르겠다.

여성 병사는 언제부터 등장했을까. 일본에는 『헤이케모노가타리平家物語』[46]에 등장하는 무사 도모에 고젠巴御前, 보신전쟁[47] 당시 막부 세력의 나카노 다케코中野竹子가 이끌었던 아이즈번会津藩 여성 부대, 마찬가지로 아이즈번이었지만 여성 부대와는 별개로 신정부군과 싸웠던 니지마 야에[48] 등이 있다.

20세기의 전쟁 및 저항운동에서는 여성 전투원들이 정식 군대가 아닌 게릴라나 레지스탕스, 파르티잔 등에서 한 사람의 병사로서

---

46 일본 가마쿠라시대(13세기)에 만들어진 대표적인 군기문학. 헤이케 집안의 흥망성쇠를 통해 귀족 체제가 몰락하고 무사 계급이 대두하는 시대상을 그린 작품으로, 현재까지도 다양한 창작물로 재해석·재창조되고 있는 고전이다.(옮긴이 주)

47 戊辰戦争, 1868~1869. 실질적으로 나라를 통치하던 에도의 도쿠가와 막부와, 교토의 일왕에게 정치권력을 반환하라고 요구한 반막부 세력 간에 일어난 일본의 내전. 반막부 세력(신정부군)이 승리하며 봉건적 질서는 해체되고, 메이지유신이라는 근대적 개혁을 거치며 일본은 큰 변화를 맞이한다.(옮긴이 주)

48 新島八重, 1845~1932. 2013년에 방영된 NHK 대하드라마 〈야에의 벚꽃八重の桜〉의 모델.(글쓴이 주) 총기 기술자였던 아버지의 영향을 받아 당시 여성으로는 보기 드물게 총을 다룰 줄 알았다. 보신전쟁에 사격수로 참전했다가 패배한 뒤, 간호학을 공부해 간호사가 되었고 청일전쟁과 러일전쟁이 일어나자 종군 간호사로 참여했다. 적과 아군을 차별하지 않고 병사들을 간호했던 면모 때문에 '일본의 나이팅게일'이라고 불렸다.(옮긴이 주)

위: 왼쪽부터 『헤이케모노가타리』의 도모에 고젠 출정도, 에도시대 / 『막말유신근왕지사모노가타리 총서 백호대』의 삽화 '부녀대의 분전'(이케가미 히로시 그림, 1927) / 신정부군과 싸웠던 니지마 야에
아래: 스페인 내전 당시, 공화국 군대의 여성 병사, 1936

로버트 카파의 작품으로 알려졌지만, 실제로는 게르다 타로가 촬영한 '어느 공화군 병사의 죽음', 1936

영화 〈풀 메탈 재킷〉의 한 장면. 베트콩 여성 저격병

남성들과 동등하게 싸웠다.

1936~1939년 스페인 내전에서는 해외 55개국의 성별을 불문한 많은 의용군들이 국제여단을 결성해, 쿠데타를 일으킨 프랑코군 및 그에 가세한 독일·이탈리아군과 싸웠다.

종군 사진기자 로버트 카파Robert Capa(본명은 안드레 프리드먼Andre Friedman)의 파트너였던 게르다 타로Gerda Taro(본명은 게르타 포호릴레Gerta Pohorylle)도 카메라라는 무기를 들고 스페인 내전에 참가한, 말하자면 한 사람의 여성 병사였다.

헝가리 출신의 유대인 프리드먼과 독일 출신의 유대인 포호릴레는 가상의 미국인 남성을 만들어내 '로버트 카파'라 이름 짓고, 이 공동 명의로 전장에서 찍은 사진들을 발표했다. 남성의 이름이 사회적으로 쉽게 받아들여지는 시대였고, 미국에서 인기를 얻고 싶었기 때문이었다.

공동 명의를 쓰지 않기로 한 뒤에도 프리드먼은 '카파'라는 이름을 계속 사용했기 때문에 개별 사진의 작가가 누구인지에 대한 혼선도 있었다. 총에 맞고 쓰러지는 병사를 찍은 가장 유명한 사진도 처음에는 프리드먼의 작품으로 알려졌지만 지금은 포호릴레의 작품임이 밝혀졌다.

여성 병사들은 2차세계대전 당시의 프랑스 레지스탕스, 소련의 파르티잔, 프랑스 식민지에서 벗어나려고 독립전쟁을 일으킨 알제리 민족해방전선, 베트남전쟁 당시의 남베트남해방전선(베트콩), 앞서 언급한 캄보디아 크메르 루주 등에서 남성 병사들과 섞여 활약했다. 전 일본 적군파[49]의 여성 간부 시게노부 후사코重信房子도 여기에 추가해야 할지 모르겠다. 영화 〈풀 메탈 재킷〉에서도 베트콩의 여성 저격병이 강렬한 인상을 남겼다.

체첸 분쟁과 이슬람 극단주의 집단에도 여성이 참여하고 있지만, 안타깝게도 병사라기보다 대부분 자폭 요원이라고 한다.

'봐라, 이건 여자도 아니다'

여성 병사가 가장 많이 투입되었던 전쟁이라고 하면, 역시 2차세계대전에서 소련과 독일이 맞붙었던 독소전쟁이다. 소련에서만 100만 명 이상의 여성이 종군했다고 한다. 18세 이상이면 성별 구분 없이 군무에 투입되었고, 나이를 속이고 입대한 소녀도 있었다. 여성들은 저격병부터 기관총병, 보병, 고사포병, 전차병, 위생병, 통신병, 비행사, 암호 해독, 군의, 간호사, 급사, 운전수, 종군기자 등

---

49 1969년에 조직된 무장단체로 정식 명칭은 '공산주의자동맹 적군파'다. 일본의 극좌파 중에서도 가장 극단적이고 폭력적이었던 집단이다. 1970년 여객기 요도호 납치 사건 등 여러 사건들을 일으키며 점차 알려지다가, 1972년 나가노현의 아사마 산장에 고립된 적군파 멤버들이 열흘 동안 인질극을 벌이면서 일본 전역에 큰 충격을 안겼다. 결국 전원 체포하고 인질도 구했지만, 이후 일본의 좌파진보세력 전체가 몰락하는 계기가 되었다. 시게노부 후사코 등 일부는 해외로 도피, 팔레스타인 해방기구 및 아랍 게릴라들과 연합해 여러 테러 활동에 관여했으나, 2000년 시게노부 후사코가 체포된 뒤 해산하였다.(옮긴이 주)

다양한 임무를 맡았다.

독일군은 여성들을 포로로 여기지 않았다. 정렬한 독일군 병사 앞에 끌고 나와 "자, 여기 이것들은 여자가 아니다. 추악한 괴물이다"(알렉시예비치, 앞의 책)라 하고는 총살해버렸다. 그래서 여성들은 전투할 때 자살용 탄환을 따로 가지고 다녔다. 첫 발이 불발일 경우를 대비해 두 발씩(같은 책).

소련 최고의 무공훈장인 적성 훈장을 받은 여성도 있었다. 너무나도 가혹한 체험을 하고 하룻밤에 백발이 되어버린 소녀도 있었다.

하지만 살아남았다고 해도 대개는 마음에 깊은 상처를 입었다. 푸틴 대통령이 중시하는 승전기념일은 이 여성들에게 결코 기념일이 아니었다. 가혹했던 시간을 떠올리게 하기 때문이다.

전쟁이 끝나도 여성들의 싸움은 끝나지 않았다. 전쟁 뒤, 남성 집단에 속해 있었다는 이유로 차별받을까 두려워, 종군 사실을 드러내는 수첩이며 훈장 등을 폐기하거나 숨긴 채 살아갔다. 그리고 침묵했다. 당연히 받을 권리가 있었던 국가의 지원도 바라지 않았다.

이들은 소련군 남자들이 가는 곳마다 독일 여성들에게 무슨 짓을 했는지도 알고 있었다. 국가와 남자에 대한 불신을 평생 떨쳐내지 못했던 여성도 있었다(같은 책).

이제 와 세계의 참화에 관한 어떤 말을 동원해봐도 '전쟁'을 적확히 표현하기는 너무나 어렵다.

전쟁은 한 명의 독재자나 소수 권력자의 시의심, 피해망상, 그리고 강한 우월감 때문에 끊임없이 반복된다. 그 결과, 집에 돌아가면 평범한 청년이거나 아버지인 사람들이 학살·성폭력과 같은 만행에 가담한다. 소련군(적군 병사), 독일군, 일본군, 베트남전쟁에 참전했던 미군, 한국군, 남베트남군 병사, 전 크메르 루주 병사, 코소보 분쟁의 전 세르비아군, 미얀마군, 위구르족을 탄압하는 인민해방군 병사, 그리고 푸틴 전쟁의 병사…… 모두 마찬가지다. 그들도 침묵한다. 자신이 한 짓을 무덤까지 가지고 갈 것이다. 전쟁의 어둠은 피해자에게는 평생 사라지지 않을 상처, 가해자에게는 평생 사라지지 않을 죄를 짊어지게 만든다.

그토록 역사에 얽매이면서도 역사에서 아무것도 배우지 못하기에 전쟁은 일어나고 똑같은 참화는 반복된다. 전쟁을 일으키는 자들의 근거 없는 우월감이 사라지려면 꽤 오랜 시간이 걸릴 것이다. 개미구멍 하나를 내는 데 그칠지도 모르지만, 만행과 참화의 기억을 풍화시키지 않는 것, 몇 번이라도 되풀이해서 이야기하는 것 외에는 도리가 없으리라.

마치며

러시아의 문호 레프 톨스토이는 1904년 러일전쟁 발발 몇 개월 뒤 〈런던타임스〉에 신약성서 누가복음의 한 구절 '인간이여, 회개하라'를 인용하며 전쟁을 비판하는 글을 투고했다. 러일전쟁은 전쟁의 세기가 시작되었음을 고하는 최초의 전쟁이었다. 미디어마저 한 몸이 되어 전쟁으로 돌진하는 가운데, 비난을 각오하고 전쟁에 반대하는 글을 발표한 것이다. 글을 게재했던 〈런던타임스〉조차도 톨스토이는 뭘 잘 모른다며 비판했다고 한다.

톨스토이는 살생을 금하는 불교도와 형제애를 부르짖는 기독교도가 왜 서로 죽이느냐고 묻는다. 자신이 싫은 짓은 다른 이에게도 하지 말라는 지극히 당연한 것이 지켜지지 않는 상황이지만, 그럼에도 커다란 사랑이 흘러넘치도록 만들어야 하는 것이 바로 종교임을 짚는다. 그리고 전쟁에 찬성하는 러시아의 기독교인들을 가리켜 사이비라고 강하게 비판하며 '자문해보라'는 말을 던진다. 지금 푸틴 대통령이 듣기에도 거북할 법한 말만 나열되어 있는 통렬한 반전론이다.

푸틴 대통령이 내세운 침략 구실 중 하나는, 아시아에 영향력을 확대하려는 나토NATO(북대서양조약기구)의 움직임이었다. 냉전이 종식되고 바르샤바조약기구⁵⁰가 사라졌음에도 나토는 남아 있다. 게다가 구소련 국가들과 손을 잡고서 러시아를 압박하는데, 그 배후에는 미국과 영국의 책략이 있다. 그러니 용서할 수 없다는 것이다. 이를 두고 절박해진 푸틴 대통령의 심정도 이해가 간다는 사람이 많다. 나는 여기에 위화감을 느꼈다. 나토가 확대 정책을 펼치며 러시아를 견제하는 것은 분명하지만, 애초에 이야기의 순서부터 잘못되었기 때문이다.

톨스토이가 쓴 '자문해보라'와 같은 의미로 '성찰'이라는 말이 있다. 스스로 돌아보고 고찰하는 태도, 상황을 파악하고 옳고 그름을 살피는 일이다. 러시아 정권이 자신들이 한 짓을 성찰한다면 사태는 명백하다. 소련의 유산에서 멀어지려 하는 국가들은 현재의 러시아 정권에 염증을 느끼고 있다. 소련 해체로 자유를 맛보았는데, 이제 와 이전 시대의 권위주의를 이어받은 러시아와 결부되어야 할 이유가 없다.

우크라이나도 마찬가지다. 소중한 자유를 겨우 손에 넣고 보니, 나토가 눈에 들어왔을 것이다. 러시아에서 달아나려면 나토에 가입하는 수밖에 없다. 나토가 폭력에 시달리던 힘없는 자들을 위한 피난처럼 보이지 않았을까. 푸틴 대통령이 욕하는 우크라이나의 민

---

50 1955년 소련을 비롯한 동구권 국가들이 나토에 대응하여 결성한 군사동맹 조약기구. 1980년대 후반부터 동구권 사회주의 국가들이 차례로 몰락하다가 1991년 소련마저 붕괴되면서 결국 해체되었다. 해체 이후 상당수의 국가들은 나토에 가입하였다.(옮긴이 주)

족주의 집단도 사실은 러시아의 오만함이 낳은 것과 다름없다. 푸틴 대통령은 일단, 성찰해야 한다.

성찰한 다음에 할 일은 명확하다. 군사 침공은 거두고 지금까지의 권위주의적 체질을 개선해야 한다. 미국식 자유주의가 그리도 싫다면 미국과는 전혀 다른 새로운 자유주의와 경제 체제 등을 제시하고, 이웃 국가들에게 매력적으로 보일 체제를 만들기 위해 절차탁마해야 한다. 이런 노력도 없이 사고를 정지시킨 채 폭력으로 내달리는 행보는 '태만' 이외에 아무것도 아니다. 물론, 이렇게 아무리 외쳐도 푸틴 대통령이 마음을 고쳐먹기에는 어림없을 것이다. 마음을 고쳐먹을 정도라면 처음부터 침략도 하지 않았겠지. 현실과는 동떨어진 이상론에 불과하다는 사실이 서글프다.

작가이자 일본문학 연구자인 보리스 아쿠닌Boris Akunin은 TBS 보도 특집에서 '진정한 러시아는 푸틴의 러시아가 아니다. 도스토옙스키, 톨스토이, 체호프를 배출한 위대한 나라다. 지금의 러시아는 중병에 걸려 있다'라고 말했다.

인류는 전쟁이 수지맞는 장사가 아님을 이미 깨달았지만, 오만한 우월감의 유혹을 이기지 못한 권력자는 여전히 마음의 병에 걸려 있다.

이번 푸틴 전쟁에서 한 가지 놀란 일이라면 드론의 사용이었다. 드론은 원래 정찰 및 공격용 병기로 개발되었다. 푸틴 전쟁에서는 우크라이나 측도 정찰은 물론, 자폭용으로도 드론을 활용해 전과를 올렸다. 표적이 되면 도망치기도 어려운, 무자비하기 짝이 없는 병기다.

드론이 상공에서 촬영한 영상 등이 얼마나 대단한지는 영화 등을 통해 충분히 알려졌다. 그런데 군사적으로도 우수성을 증명했다고 하면 마음이 조금 복잡해진다. 평화적인 이용에서 군사적인 이용까지 망라하는 셈이기 때문이다. 물론 그런 예는 얼마든지 있다. 인터넷이 대표적이다.

그런데 푸틴 전쟁에서 또다른 활용법이 등장해 감동을 주었다. 구조용 드론이다. 러시아군에게 파괴된 건물의 창문 유리를 깨고 들어가, 생존자를 발견해서 대화로 구조를 도왔다고 한다. 그렇다면 후쿠시마 원자력발전소 내부 확인도 가능하지 않을까.

한 영화 속 장면이 떠오른다. 〈우주 전쟁〉(바이런 해스킨 감독, 1953)에서 화성인이 만든 전쟁 병기의 긴 머리 끝에 붙어 있는 '눈' 같은 감시 카메라가 가옥 안에 침입하던 장면이다. 그것을 압축하면 지금의 드론이 된다. 아마 그 병기의 눈보다도 성능이 더 좋을 것이다.

역시 도구는 어떻게 사용하는가에 따라 선도, 악도 될 수 있다. '디자인'과 똑같다.

2021년 여름, 탈레반이 아프가니스탄을 제압했다. 아이들을 포함한 많은 사람들의 비탄어린 목소리가 들려왔다. 이미 맛보았던 자유를 어떻게 잊겠는가. 이 책에서 소개한 영화 〈파피차〉를 보며 특히 그런 생각이 강하게 들었다.

영화 속에 나온 '여성의 올바른 복장'이라는 포스터에 관심이 생기면서 '그릇된 디자인'이라는 주제가 떠올랐다. 그렇게 써본 글이 3장 '전쟁과 말'의 중심을 이룬다. 하지만 이내 초점이 흐려져 방치해두었는데, 그러다 푸틴 전쟁이 발발했다.

보름 정도 지났을 무렵, 마침 사유샤左右社의 고야나기 마나부小柳学 대표에게서 러시아군의 상징이 된 'Z'에 대해 알고 싶은데 '전쟁과 디자인'이라는 주제로 글을 써보면 어떻겠느냐는 제안을 받았다. 분노하며 침략의 추이를 지켜보던 나는 앞서 말한 짧은 글 '그릇된 디자인'을 바탕으로 '색·상징·말'이라는 각 장을 구성하기로 결심했다.

그때부터 약 한 달 동안 예전에 집필했던 히틀러와 관련된 『RED』, 흑인·아시아인·유대인 차별에 대해 쓴 『HATE!』(이상 사유샤), 히틀러·스탈린·마오쩌둥 등을 다룬 『독재자의 디자인獨裁者のデザイン』(헤이본샤平凡社 지쿠마문고ちくま文庫)을 각 장의 주제에 따라 재검토했고, 푸틴 전쟁과도 관련지어보며 열심히 글을 써나갔다. 그리고 이렇게 독재자 및 독재 체제에 이용된 '그릇된 디자인'의 총집합과 같은 책으로 마무리하게 되었다.

늘 그렇듯, 사무소 스태프 스기모토 쇼지杉本聖士 군, 가네마루 미나미金丸未波 씨, 사유샤의 나카무라 다카네中村たかね 씨, 가미야마 미키노神山樹乃 씨, 교열을 맡아준 미노다 사키蓑田沙希 씨 등 많은 분들의 도움으로 책을 펴낼 수 있었다. 감사의 마음을 전한다.

2022년, 아직 전쟁이 끝나지 않은 초여름

마쓰다 유키마사

참고문헌

(서적)

『広告図像の伝説―フクスケもカルピスも名作!』荒俣宏、平凡社、1989

『毛沢東と周恩来』矢吹晋、講談社現代新書、1991

『敵の顔―憎悪と戦争の心理学』サム・キーン、佐藤卓己/佐藤八寿子〔訳〕、柏書房、1994

『形の文化誌4 シンボルの物語』原秀三郎/若杉準治/今橋理子/荒川紘/小野健一 외、形の文化会『形の文化誌』編集委員会〔編〕、工作舎、1996

『ナチス親衛隊SS 軍装ハンドブック』ロビン・ラムスデン、知野龍太〔監訳〕、原書房、1997

『ナチ強制・絶滅収容所―18施設内の生と死』マルセル・リュビー、菅野賢治〔訳〕、筑摩書房、1998

『ユダヤ人はなぜ迫害されたか』デニス・プレガー/ジョーゼフ・テルシュキン、松宮克昌〔訳〕、ミルトス、1999

『ドイツ軍の小失敗の研究―第二次世界大戦闘・兵器学教本』三野正洋、光人社NF文庫、2000

『容赦なき戦争―太平洋戦争における人種差別』ジョン・W. ダワー、猿谷要〔監修〕、斎藤元一〔訳〕、平凡社ライブラリー、2001

『ペリーの白旗―150年目の真実』岸俊光、毎日新聞社、2002

『知られざるスターリン』ジョレス・メドヴェージェフ/ロイ・メドヴェージェフ、久保英雄〔訳〕、現代思潮新社、2003

『レイモンド・ローウィ―消費者文化のためのデザイン』グレン・ポーター、海野弘〔訳〕、レイモンド・ローウィ・ファウンデーション日本委員会〔監修〕、美術出版社、2004

『中国文化大革命の大宣伝　上・下』草森紳一、芸術新聞社、2009

『虐殺器官』伊藤計劃、早川書房、2010

『図地反転』松田行正、美術出版社、2010

『現代文　トルストイの日露戦争論』レフ・ニコラエヴィチ・トルストイ、平民社〔訳〕、国書刊行会編集部〔現代語訳〕、国書刊行会、2011

『卍とハーケンクロイツ――卍に隠された十字架と聖徳の光』中垣顕實、現代書館、2013

『新約聖書　訳と註　第5巻(ヨハネ福音書)』田川建三[訳]、作品社、2013

『戦争の世界史―技術と軍隊と社会　下』ウィリアム・H・マクニール、高橋均[訳]、中公文庫、2014

『大衆宣伝の神話―マルクスからヒトラーへのメディア史』佐藤卓己、ちくま学芸文庫、2014

『動くものはすべて殺せ―アメリカ兵はベトナムで何をしたか』ニック・タース、布施由紀子[訳]、みすず書房、2015

『軍装・服飾史カラー図鑑』辻元よしふみ、辻元玲子[イラスト]、イカロス出版、2016

『戦争は女の顔をしていない』スヴェトラーナ・アレクシエーヴィチ、三浦みどり[訳]、岩波現代文庫、2016

『デザインってなんだろ?』松田行正、紀伊國屋書店、2017

『RED―ヒトラーのデザイン』松田行正、左右社、2017

『写真でたどるアドルフ・ヒトラー――独裁者の幼少期から家族、友人、そしてナチスまで』マイケル・ケリガン、白須清美[訳]、原書房、2017

『コリーニ事件』フェルディナント・フォン・シーラッハ、酒寄進一[訳]、創元推理文庫、2017

『こころ』No.36「世界史のなかの昭和史3」半藤一利、平凡社、2017

『HATE!―真実の敵は憎悪である』松田行正、左右社、2018

『ルポ　プーチンの戦争―「皇帝」はなぜウクライナを狙ったのか』真野森作、筑摩

選書、2018

『ナチズムに囚われた子どもたち—人種主義が踏みにじった欧州と家族　上・下』リン・H・ニコラス、若林美佐知[訳]、白水社、2018

『大政翼賛会のメディアミックス—「翼賛一家」と参加するファシズム』大塚英志、平凡社、2018

『独裁者のデザイン—ヒトラー、ムッソリーニ、スターリン、毛沢東の手法』松田行正、平凡社、2019

『20世紀ロシア文化全史—政治と芸術の十字路で』ソロモン・ヴォルコフ、今村朗[訳]、沼野充義[解説]、河出書房新社、2019

『独ソ戦—絶滅戦争の惨禍』大木毅、岩波新書、2019

『現代ドイツへの視座—歴史学的アプローチ2　ナチズム・ホロコーストと戦後ドイツ』石田勇治+川喜田敦子[編]、勉誠出版、2020

『AB+(アルファベット・モア)—文字・記号・符号・暗号のデザイン』松田行正、LIXIL出版、2020

『戦争・記憶—沖縄戦と集団自決』亀山亮、青土社、2021

『「悪」の進化論—ダーウィニズムはいかに悪用されてきたか』佐藤優、集英社インターナショナル、2021

『ビートルズ』北中正和、新潮新書、2021

『都市を上映せよ—ソ連映画が築いたスターリニズムの建築空間』本田晃子、東京大学出版会、2022

『なぜ人類は戦争で文化破壊を繰り返すのか』ロバート・ベヴァン、駒木令[訳]、原書房、2022

(신문)

『朝日新聞』「イラク・アフガン　米軍が『聖書ライフル』」、2010년 1월 24일자

『朝日新聞』「国家に領有される個人」李琴峰、2022년 3월 29일자

『朝日新聞』「戦禍の果てに求められた9条」山室信一、2022년 4월 29일자

『朝日新聞』「『中華の復興』波立つアジア　失われた土地『国恥地図』」、2022년 5월 4일자

『朝日新聞』「プーチン支持の裏　沈黙と恐怖の増大　抗議を伝える意義」奈倉有里、

2022년 6월 4일자

(영상)

NHK BS スペシャル「独裁者ヒトラー　演説の魔力」NHK エンタープライズ、2019
NHK スペシャル「ウクライナとロシア―決別の深層」NHK、2022
NHK スペシャル「ブルカの向こう側―タリバン統治下の女性たち」NHK、2022
ETV 特集「ウクライナ危機　市民たちの30年」NHK Eテレ、2022
NHK アナザー・ストーリーズ「おかえり、ゲルニカ祖国"帰還"までの16131日」

(인터넷)

「カラパイア　不思議と謎の大冒険」「第一次世界大戦で顔を負傷した兵士たちの為に、オーダーメイドのマスクを次々と作り上げた善意の女性彫刻家(アメリカ)」いぶりがっこ、2018、https://karapaia.com/archives/ 52264686.html

WEBRONZA 「ウクライナには「ネオナチ」という象がいる〜プーチンの「非ナチ化」プロパガンダのなかの実像　上・中・下」清義明、2022、https://webronza.asahi.com/national/articles/2022032200001.html

YAHOO ニュース「[前編] ウクライナとロシアの宗教戦争: キエフと手を結んだ権威コンスタンティノープルの逆襲 /[後編] 宗教の境界で三分するウクライナと、「千年に一度のキリスト教界の分裂」: ロシアとの宗教対立　今井佐緒里、2022、[前編] https://news.yahoo.co.jp/expert/articles/9cb3f1e7f5ce6e199f1cafbb4faaa384e77d38f4、[後編] https://news.yahoo.co.jp/expert/articles/cb50af9cfb5e37819358062a5352ee51b4e5b402

도판 인용 목록

전쟁과 색

015 『Geklebte NS-Propaganda: Verführung und Manipulation Durch das Plakat』 Birgit Witamwas, Walter De Gruyter GmbH, 2016
018 http://free-photo.net/archive/entry3850.html
019 「硫黄島の星条旗」 Wikipedia
020 「ロシアの国旗」 Wikipedia
021 윗줄)「ドイツ帝国」 Wikipedia /「国籍マーク」 Wikipedia /「鉄十字」 Wikipedia
　　두번째 줄)「ナチス・ドイツ」 Wikipedia /「国籍マーク」 Wikipedia
　　세번째 줄)「ドイツの国旗」 Wikipedia /「国籍マーク」 Wikipedia
　　맨 아랫줄)「ドイツ民主共和国」 Wikipedia /「国家人民軍航空軍」 Wikipedia
022 오른쪽 위 2점)「国籍マーク」 Wikipedia / 아래)「フィンランドの国旗」 Wikipedia
　　오른쪽 아래)「アメリカの国旗」 Wikipedia
023 오른쪽 국적 식별기호 3점)「国籍マーク」 Wikipedia /「ソビエト連邦」 Wikipedia /「ロシアの 国旗」 Wikipedia
　　왼쪽 위에서부터)「朝鮮人民軍空軍」 Wikipedia /「朝鮮民主主義人民共和国」 Wikipedia /「国籍マーク」 Wikipedia /「大韓民国」 Wikipedia
　　맨 아래)「中華人民共和国」 Wikipedia /「国籍マーク」 Wikipedia
025 국적 식별기호는 왼쪽 위 2점 이외에 모두「国籍マーク」 Wikipedia

국기는 오른쪽 위에서부터)「프랑스의 국旗」Wikipedia /「벨기에의 국旗」Wikipedia /「이탈리아의 국旗」Wikipedia /「스페인의 국旗」Wikipedia /「아르헨티나의 국旗」Wikipedia /「인도의 국旗」Wikipedia /「이기리스의 국旗」Wikipedia

026 국적 식별기호는 모두「국적マーク」Wikipedia
국기는 오른쪽 위에서부터)「ガーナの국旗」Wikipedia /「ギニアの국旗」Wikipedia /「マダガスカルの국旗」Wikipedia /「ルワンダの국旗」Wikipedia /「ジンバブエの국旗」Wikipedia /「ケニアの국旗」Wikipedia /「ウクライナの국旗」Wikipedia

아래 2점)『現代美術13 ジャスパー・ジョーンズ』講談社、1993

030 위) https://www.yuraimemo.com/1356/
아래)『レイモンド・ローウィ―消費者文化のためのデザイン』グレン・ポーター、海野弘[訳]、レイモンド・ローウィ・ファウンデーション日本委員会[監修]、美術出版社 、2004

034 오른쪽 위에서부터)「スロベニアの국旗」Wikipedia、「スロバキアの국旗」Wikipedia、「13植民地」Wikipedia、「アメリカ合衆国の국旗」Wikipedia
왼쪽 위 두번째부터)「オランダの국旗」Wikipedia、「セルビア・モンテネグロの국旗」Wikipedia、「ルクセンブルクの국旗」Wikipedia
맨 아래 왼쪽)「フランスの국旗」Wikipedia
맨 아래 오른쪽)「ロシアの국旗」Wikipedia

040 영화〈Barry Lyndon (배리 린든)〉

041 위)「American Civil War」Wikipedia
아래) 번호 순서대로「ピッケルハウベ」Wikipedia /「ヘルメット(ドイツ軍)」Wikipedia /「Brodie helmet」Wikipedia /「Casque Adrian」Wikipedia /「M1ヘルメット」Wikipedia

045 「Ribbon of Saint George」Wikipedia

046 ETV 特集「ウクライナ危機 市民たちの30 年」NHKEテレ

048 『The Soviet Political Poster 1917/1980』Nina Baburina[編], Penguin Books, 1985

050 오른쪽)「ソビエト連邦」Wikipedia

왼쪽)「中華人民共和国」Wikipedia
052 『ロシア・アヴァンギャルド―未完の芸術革命』水野忠夫、パルコ出版、1985
053 위)「緑軍」Wikipedia
아래 오른쪽)「赤軍」Wikipedia
가운데)「白軍」Wikipedia
아래 왼쪽)「ウクライナ革命反乱軍」Wikipedia
056 위)『ロシア・アヴァンギャルドのデザイン―未来を夢見るアート』海野弘[解説・監修]、マクレリー・ルシー[訳]、パイ インターナショナル、2015
아래)『Geklebte NS-Propaganda: Verführung und Manipulation Durch das Plakat』Birgit Witamwas, Walter De Gruyter GmbH, 2016
059 오른쪽)「ドイツ帝国」Wikipedia
왼쪽)「ナチス・ドイツの国旗」Wikipedia
060・061 『ジーク ハイル!』ステファン・ローラント、中山善之[訳]、インターナショナル タイムズ、1975
064 위 왼쪽)『Gakken Mook ヒトラーと第三帝国の真実―なぜ国民はこの男を選んでしまったのか!?』学研パブリッシング、2013
위 오른쪽)『SS REGALIA』Robin Lumsden, Chartwell Books, Inc., 1996
아래)『L' ILLUSTRATION』1935년 10월 12일호, l' Illustration
067 『ナチ強制・絶滅収容所―18施設内の生と死』マルセル・リュビー、菅野賢治[訳]、筑摩書房、1998
068 「中華人民共和国」Wikipedia
070 『Chinese Propaganda Posters』Anchee Min / Duo Duo / Stefan R. Landsberger, Taschen, 2015
074 위)「紅衛兵」Wikipedia
아래)『Modern Chinese Poster Collection: Catalogue 2016』Pearl Young / Yang Pei Ming[編], Shanghai Propaganda Poster Art Centre, 2016
075 「文化大革命」Wikipedia
077 『Modern Chinese Poster Collection: Catalogue 2016』Pearl Young / Yang Pei Ming[編], Shanghai Propaganda Poster Art Centre, 2016
078 『ストリートデザインファイル 09 プラネット・マオ―文化大革命のグラフィ

ック・パワー』都築響一[編]、アスペクト、2000
081 https://archstglassinc.com/resources/a-brief-history-of-stained-glass/
083 2점 모두) https://karapaia.com/archives/52264686.html
084 2점 모두)「スペインかぜ」Wikipedia
086 『縞模様の歴史―悪魔の布』ミシェル・パストゥロー、松村剛 / 松村恵理[訳]、白水uブックス、2004
087 위)『Rayures: une histoire des rayures et des tissus rayés』Michel Pastoureau, Seuil, 1991
아래)「Florence Nightingale」Wikipedia
090・091 『バウハウス 1919-1933』バウハウス資料館 / マグダレーナ・ドロステ[編]、ベネディクト・タッシェン出版、1992
092 「Marcel Duchamp」Wikipedia
093 모두)『アメリカン・アドバタイジング 50s』ジム・ハイマン, Taschen, 2001
096 NHK スペシャル「ウクライナとロシア―決別の深層」、2022
099 http://aokihumu.blog69.fc2.com/blog-entry-48.html

전쟁과 상징

103 『Red Star Over Russia: A visual history of the Soviet union from 1917 to the death of Stalin』David King, Tate Publishing, 2009
106 『スヌーピー ミュージアム展』草刈大介[編]、ブルーンープ、2019
109 https://theprint.in/last-laughs/journey-of-nazi-symbol-and-boris-johnsons-personal-service-for-russian-oligarchs/871422/
111 2점 모두)「Z旗」Wikipedia
113 「十字軍」Wikipedia
115 첫번째 깃발)「聖ゲオルギウス十字」Wikipedia
두번째 깃발)「聖アンデレ十字」Wikipedia
세번째 깃발)「聖パトリック旗」Wikipedia
네번째 깃발)「イギリスの国旗」Wikipedia
118 『The Jews and Europe: 2,000 Years of History』Elena Romero Castelló / Uriel Macías Kapón, Chartwell Books, 1994

119　https://www.splcenter.org/file/2699

120　『地図の歴史』織田武雄、講談社、1973

122　2점 모두) https://historyofsocialwork.org/eng/details.php?cps=2

123　위)「赤十字社」Wikipedia

124　http://www.worldflags.jp/blog/5873/

126　『朝日新聞』「イラク・アフガン　米軍が『聖書ライフル』」2010年 1月 24일자

128　위)「ファットマン」Wikiwand

　　아래) https://www.newsweekjapan.jp/headlines/world/2022/04/381594.php

129　위)「パンプキン爆弾」Wikipedia

131　https://twitter.com/ng_ukraine/status/1497924614865002497?ref_src=twsrc%5Etfw%7Ctwcamp%5 Etweetembed%7Ctwterm%5E1497924614865002497%7Ctwgr%5E%7Ctwcon%5Es1_&ref_url=https%3A%2F%2Fwww.aljazeera.com%2Fnews%2F2022%2F2%2F28%2Fukrainian-fighters-grease-bullets-against-chechens-with-pig-fat

133　2점 모두)「アゾフ連隊」Wikipedia

134　「Wolfsangel」Wikipedia

135　오른쪽)「第4SS 警察装甲擲弾兵師団」Wikipedia

　　가운데)「装甲擲弾兵師団「フェルトヘルンハレ」」Wikipedia

　　왼쪽)「National Socialist Movement in the Netherlands」Wikipedia

136　위)「第2SS 装甲師団」Wikipedia

　　가운데)「ヴェアヴォルフ」Wikipedia

　　아래)『虚構のナチズム―「第三帝国」と表現文化』池田浩士、人文書院、2004

138　「第34SS 義勇擲弾兵師団」Wikipedia

140　위)『Himmlers Burg: Wewelsburg Zentrum der SS』Stuart Russell / Jost W. Schneider, ZeitReisen, 2010

　　아래)「Schwarze Sonne」Wikipedia

144　위)『未完の帝国―ナチス・ドイツの建築と都市』八束はじめ / 小山明、福武書店、1991

　　아래 오른쪽)「Germanic SS」Wikipedia

　　아래 왼쪽)「Germanische Leistungsrune」Wikipedia

145 오른쪽)「ナチス・ドイツ」Wikipedia

왼쪽)「歓喜力行団」Wikipedia

146 위) https://www.britannica.com/event/Berlin-1936-Olympic-Games

아래)『ジーク ハイル！』ステファン・ローラント、中山善之[訳]、インターナショナル タイムズ、1975

147 위)『建築のアポカリプス―もう一つの20世紀精神史』飯島洋一、青土社、1992

아래 오른쪽) NHK BS スペシャル「独裁者ヒトラー演説の魔力」NHK エンタープライズ、2019

아래 왼쪽)『ナチスの発明』武田知弘、彩図社、2006

148 위)『建築家ムッソリーニ―独裁者が夢見たファシズムの都市』パオロ・ニコローゾ、桑木野幸司[訳]、白水社、2010

아래)『魅惑する帝国―政治の美学化とナチズム』田野大輔、名古屋大学出版会、2007

150 『ジーク ハイル！』ステファン・ローラント、中山善之[訳]、インターナショナル タイムズ、1975

152 https://hadano.kanagawa-shorinjikempo.org/

153 오른쪽 첫번째)「親衛隊(ナチス)」Wikipedia

오른쪽 두번째)「Hitlerjugend-Leistungsabzeichen」Wikipedia

오른쪽 세번째)「親衛隊人種及び移住本部」Wikipedia

오른쪽 네번째) https://encyclopedia.ushmm.org/content/en/artifact/lebensborn-program-brochure

맨 아래)『文字の世界史』ルイ＝ジャン・カルヴェ、矢島文夫[監訳]、会津洋/前島和也[訳]、河出書房新社、1998

154 https://eturbonews.com/swedish-government-wants-to-ban-nazi-norse-runes-and-swedes-hate-the-stupid-idea/

155 「ダビデの星」Wikipedia

157 위에서부터)「ナチス・ドイツ」Wikipedia (하나 건너)「ソビエト連邦軍」Wikipedia /「Three Arrows」Wikipedia

158 「Three Arrows」Wikipedia

159 『毎日ムック　シリーズ 20世紀の記憶　HOLOCAUST　ホロコースト』西井一夫[編]、毎日新聞社、1999

160 「国旗の一覧」Wikipedia

162 『毎日ムック　シリーズ 20世紀の記憶　HOLOCAUST　ホロコースト』西井一夫[編]、毎日新聞社、1999

164 「ファイル: Juif.JPG」Wikipédia

165 https://museeholocauste.ca/en/objects/gerhart-maass-passport/

168 위)「赤星勲章」Wikipedia

아래)「クラスナヤ・ズヴェズダ(新聞)」Wikipedia

170 「ベトナムの国旗」Wikipedia

전쟁과 말

173 『Geklebte NS-Propaganda: Verführung und Manipulation Durch das Plakat』Birgit Witamwas, Walter De Gruyter GmbH, 2016

178・179 『容赦なき戦争──太平洋戦争における人種差別』ジョン・W・ダワー、猿谷要[監修]、斎藤元一[訳]、平凡社ライブラリー、2001

184 「Sonderkommando KZ Auschwitz-Birkenau」Wikipedia

190 『プロパガンダ・ポスターにみる日本の戦争──135枚が映し出す真実』田島奈都子[編]、勉誠出版、2016

193 『敵の顔──憎悪と戦争の心理学』サム・キーン、佐藤卓己／佐藤八寿子[訳]、柏書房、1994

194 『94 Carteles Sobre el Expansionismo Nazi en Alemania』Javier Gómez Pérez, Createspace Independent Pub, 2014

198 https://www.dhm.de/lemo/bestand/objekt/antisemitische-propagandaschrift-1941.html

204 영화『Hannah Arendt (한나 아렌트)』

208 『20世紀デザイン──グラフィックスタイルとタイポグラフィの100年史』トニー・セダン、長澤忠徳[監訳]、和田美樹[訳]、東京美術、2016

209 「Lord Kitchener Wants You」Wikipedia

210 「ジョン・ブル」Wikipedia

212 2점 모두)『Battle Art: Images of War』Denis Thomas, Phaidon, 1977
213 『世界に衝撃を与えたグラフィックデザイン―100のアイデアでたどるデザイン史』スティーブン・ヘラー/ヴェロニク・ヴィエンヌ、B. スプラウト[訳]、ボーンデジタル、2015
214 위)「Lord Kitchener Wants You」Wikipedia
  가운데)『The Soviet Political Poster 1917-1980』Nina Baburina[編], Penguin Books, 1985
  아래)https://topwar.ru/16950-vvs-rossii-pervye-sto-let-pozadi.html
215 『The Soviet Political Poster 1917 / 1980』Nina Baburina[編], Penguin Books, 1985
216 왼쪽)NHK BS スペシャル「独裁者ヒトラー　演説の魔力」NHKエンタープライズ、2019
  오른쪽)『写真でたどるアドルフ・ヒトラー――独裁者の幼少期から家族、友人、そしてナチスまで』マイケル・ケリガン、白須清美[訳]、原書房、2017
217 위)『The Jewish Enemy: Nazi propaganda during World War II and the Holocaust』Jeffrey Herf, Belknap Press, 2006
  아래)『敵の顔―憎悪と戦争の心理学』サム・キーン、佐藤卓己 / 佐藤八寿子[訳]、柏書房、1994
218 왼쪽)『Geklebte NS-Propaganda: Verführung und Manipulation Durch das Plakat』Birgit Witamwas, Walter De Gruyter GmbH, 2016
  오른쪽)『絶対の宣伝4　文化の利用』草森紳一、番町書房、1979
220 『20世紀デザイン―グラフィックスタイルとタイポグラフィの100年史』トニー・セダン、長澤忠徳[監訳]、和田美樹[訳]、東京美術、2016
221 『Geklebte NS-Propaganda: Verführung und Manipulation Durch das Plakat』Birgit Witamwas, Walter De Gruyter GmbH, 2016
223 위)『地図で読む世界の歴史―ヒトラーと第三帝国』リチャード・オウヴァリー、永井清彦[監訳]、秀岡尚子/牧人舎[訳]、河出書房新社、2000
  아래)『Geklebte NS-Propaganda: Verführung und Manipulation Durch das Plakat』Birgit Witamwas, Walter De Gruyter GmbH, 2016
225 『Geklebte NS-Propaganda: Verführung und Manipulation Durch das

Plakat』Birgit Witamwas, Walter De Gruyter GmbH, 2016

226 위 왼쪽, 아래 오른쪽, 아래 왼쪽)『Geklebte NS-Propaganda: Verführung und Manipulation Durch das Plakat』Birgit Witamwas, Walter De Gruyter GmbH, 2016

위 오른쪽)『写真・ポスターに見るナチス宣伝術―ワイマール共和国からヒトラー第三帝国へ』鳥飼行博、青弓社、2011

227 위 2점 모두)『Geklebte NS-Propaganda: Verführung und Manipulation Durch das Plakat』Birgit Witamwas, Walter De Gruyter GmbH, 2016

아래)『世界に衝撃を与えたグラフィックデザイン―100のアイデアでたどるデザイン史』スティーブン・ヘラー/ヴェロニク・ヴィエンヌ、B. スプラウト［訳］、ボーンデジタル、2015

228 「アンシュルス」Wikipedia

230 https://tanken.com/kakusei.html

232 https://www.city.sapporo.jp/ncms/shimin/heiwa/tenji/guntai_09/index.html

237 「ソ連国防人民委員令 第227号」Wikipedia

238 「ヤーコフ・ジュガシヴィリ」Wikipedoia

240 『The Soviet Political Poster 1917-1980』Nina Baburina［編］, Penguin Books, 1985

243 『Red Star Over Russia: A visual history of the Soviet union from 1917 to the death of Stalin』David King, Tate Publishing, 2009

244 왼쪽)『Russian Revolutionary Posters: From Civil War to Socialist Realism, from Bolshevism to the End of Stalinism』David King, Tate Publishing, 2015

오른쪽)『ポーランドポスター展 図録』松浦昇/田中あづさ/紫牟田伸子[編]、ポーランドポスター展実行委員会、2012

247 https://www.afpbb.com/articles/-/3362331?pid=23692411

248 https://www.asahi.com/articles/photo/AS20210906002103.html

253 영화『Papicha (파피차)』

254 오른쪽)「ISIL」Wikipedia

왼쪽)「ターリバーン」Wikipedia

전쟁과 디자인

259 『Red Star Over Russia: A visual history of the Soviet union from 1917 to the death of Stalin』 David King, Tate Publishing, 2009

262 https://baltics.news/2022/03/08/photo-museum-of-medical-history-hangs-a-poster-with-a-redesigned-putins-face-in-front-of-the-russian-embassy-in-support-of-ukraine/

268 https://www.codexsinaiticus.org/en/img/Codex_Sinaiticus_open_full.jpg

272 黒川正剛『図説　魔女狩り』河出書房新社、2011

274 「ルター聖書」Wikipedia

281 인단 상표 5점)『広告図像の伝説―フクスケもカルピスも名作!』荒俣宏、平凡社、1989

아래 2점)『正露丸のラッパ―クスリの国の図像学』田中聡、河出書房新社、1994

284 위)『ルポ　プーチンの戦争―「皇帝」はなぜウクライナを狙ったのか』真野森作、筑摩書房、2018

아래 오른쪽)『Battle Art: Images of war』 Denis Thomas[編], Phaidon, 1977

아래 왼쪽)『敵の顔―憎悪と戦争の心理学』サム・キーン、佐藤卓己/佐藤八寿子[訳]、柏書房、1994

288 「Young Army Cadets National Movement」 Wikipedia

289 위)「Hitler Youth」 Wikipedia

아래)「Category: Hitlerjugend」 Wikimedia commons

291 영화『First They Killed My Father: A Daughter of Cambodia Remembers (그들이 아버지를 죽였다)』

294 위 왼쪽)「巴御前」Wikipedia

위 가운데)「婦女隊」Wikipedia

위 오른쪽) https://www.doshisha.ac.jp/yae/gallery/yae.html

아래)『Battle Art: Images of war』 Denis Thomas[編], Phaidon, 1977

295 위)「Robert Capa」 Wikipedia

아래) 영화『Full Metal Jacket (풀 메탈 재킷)』

영화 목록

⟨Letters from Iwo Jima (이오지마에서 온 편지)⟩ Clint Eastwood, 2006 ······ p.018
⟨Triumph des Willens (의지의 승리)⟩ Leni Riefenstahl, 1935 ······ p.147
⟨Interstellar (인터스텔라)⟩ Christopher Nolan, 2014 ······ p.038
⟨Ukraine on Fire (우크라이나 온 파이어)⟩ Igor Lopatonok, 2016 ······ p.131
⟨The War of the Worlds (우주 전쟁)⟩ Byron Haskin, 1953 ······ p.304
⟨Der ewige Jude (영원한 유대인)⟩ Fritz Hippler, 1940 ······ p.194, 195
⟨The Killing Fields (킬링 필드)⟩ Roland Joffé, 1984 ······ p.292
⟨Glory (영광의 깃발)⟩ Edward Zwick, 1989 ······ p.039
⟨この世界の片隅に (이 세상의 한구석에)⟩ 片渕須直, 2016 ······ p.244
⟨Der Fall Collini (콜리니 케이스)⟩ Marco Kreuzpaintner, 2019 ······ p.206, 207
⟨First They Killed My Father: A Daughter of Cambodia Remembers (그들이 아버지를 죽였다)⟩ Angelina Jolie, 2017 ······ p.291, 292
⟨Star Wars (스타워즈)⟩ George Lucas, 1977 ······ p.145
⟨Starship Troopers (스타십 트루퍼스)⟩ Paul Verhoeven, 1997 ······ p.292
⟨Enemy at the Gates (에너미 앳 더 게이트)⟩ Jean-Jacques Annaud, 2001 ······ p.235, 237
⟨Dr. No (007 살인번호)⟩ Terence Young, 1962 ······ p.113
⟨戦争と人間 (전쟁과 인간)⟩ 山本薩夫, 1970~1973 ······ p.279
⟨Tigerland (타이거랜드)⟩ Joel Schumacher, 2000 ······ p.256
⟨Die Brücke (다리)⟩ Bernhard Wicki, 1959 ······ p.290

⟨Papicha (파피차)⟩ Mounia Meddour, 2019 …… p.251, 253

⟨Barry Lyndon (배리 린든)⟩ Stanley Kubrick, 1975 …… p.038, 040

⟨Hannah Arendt (한나 아렌트)⟩ Margarethe von Trotta, 2012 …… p.204

⟨悲情城市 (비정성시)⟩ 侯孝賢, 1989 …… p.175

⟨Under sandet (랜드 오브 마인)⟩ Martin Zandvliet, 2015 …… p.290

⟨Full Metal Jacket (풀 메탈 재킷)⟩ Stanley Kubrick, 1987 …… p.256, 295, 297

⟨Predator (프레데터)⟩ John McTiernan, 1987 …… p.102

⟨Иди и смотри (컴 앤 씨)⟩ Элем Климов / Elem Klimov, 1985 …… p.186

저자 소개

마쓰다 유키마사松田行正

책 디자인을 중심으로 활동하는 그래픽 디자이너이자 자칭 디자인 역사 탐정. '오브제로서의 책'을 추구하는 작은 출판사 우시와카마루牛若丸를 직접 운영하며 촉감과 질감을 중시하는 독특한 디자인의 책을 꾸준히 발표하고 있다. 디자인 작업 외에 시각 문화에 대한 에세이를 기고하거나 저서를 발간하는 등 집필 활동도 활발하다. 직접 쓰고 디자인까지 맡은 책 『눈眼의 모험』(기노쿠니야쇼텐)으로 제37회 고단샤출판문화상 북디자인상을 수상했다. 저서로 『눈의 황홀』 『디자인이란 무엇인가?』 『제로』 『RED』 『HATE!』 『디자인 위인전』 『디자인의 작법』 『일본적にほん的』 『선線의 모험』 『독재자의 디자인』 등이 있다.

옮긴이 소개

조지혜

대학에서 건축학을 전공한 뒤, 여성, 청소년, 인권 분야의 단체 및 기관에서 오랫동안 일했다. 도서출판 또하나의문화 편집장으로 일하면서 책의 세계를 좀더 본격적으로 경험했고, 현재는 일본어 전문 번역가로 활동하고 있다. 옮긴 책으로 인문서 『가족과 국가는 공모한다』 『만 년 동안 살았던 아이』 『실패 없는 젠더 표현 가이드북』 『알츠하이머 기록자』, 소설 『의대생 다이어리』가 있다.

전쟁과 디자인
디자인의 선과 악, 다크 디자인 투어리즘

초판 1쇄 인쇄 2025년 6월 10일
초판 1쇄 발행 2025년 6월 16일

지은이 마쓰다 유키마사
옮긴이 조지혜

편집 이원주 이희연 이고호 디자인 엄자영 마케팅 김다정
브랜딩 함유지 박민재 김희숙 이송이 박다솔 조다현 김하연 이준희 복다은
저작권 박지영 형소진 주은수 오서영 조경은
제작 강신은 김동욱 이순호 제작처 천광인쇄사

펴낸곳 (주)교유당 펴낸이 신정민
출판등록 2019년 5월 24일 제406-2019-000052호

주소 10881 경기도 파주시 회동길 210
전화 031-955-8891(마케팅) 031-955-2680(편집) 031-955-8855(팩스)
전자우편 gyoyudang@munhak.com

홈페이지 www.gyoyudang.com
인스타그램 @gyoyu_books 트위터 @gyoyu_books 페이스북 @gyoyubooks

ISBN 979-11-94523-29-1 03900

◦ 교유서가는 (주)교유당의 인문 브랜드입니다.
  이 책의 판권은 지은이와 (주)교유당에 있습니다.
  이 책 내용의 전부 또는 일부를 재사용하려면 반드시 양측의 서면 동의를 받아야 합니다.